CW01369732

© PETER HALFAR MEDIA GMBH
& CO HOLDING KG,
Remseck bei Stuttgart

genehmigte Lizenzausgabe für den
UNIPART VERLAG GMBH,
Remseck bei Stuttgart, 1998

Text: Uta Angerer, Elisabeth Aslan
Illustration: Eckhard Freytag
Produktion: Rex Verlagsproduktion, München

ISBN 3 8122 3686 9

Das Dschungelbuch

365 Gute-Nacht-Geschichten mit Mogli

Unipart Verlag · Stuttgart

Die verschwundenen Wölfchen

Was herrschte da oft für ein Geschrei und Gekecker, Piepsen und Kreischen, Kollern und Brummen im Dschungel! Besonders laut war es bei Sonnenaufgang, wenn die Vögel ihr Morgenlied anstimmten und die nächtlichen Jäger mit der Beute in ihre Höhlen und Nester zurückkehrten. Heute hatte Vater Wolf etwas besonders Leckeres von der Jagd mitgebracht, und Mutter Wolf rief ihre drei kleinen Söhne herbei: »Tapi! Tapo! Tapu! Kommt her, es gibt Frühstück.«

Doch da kam keine Antwort. Spielten die drei denn nicht vor der Wolfshöhle? Mutter Wolf blickte nach links und nach rechts, aber sie konnte ihre Kinder nirgendwo entdecken. Nur die Vögel über ihr zwitscherten und pfiffen sorglos. Hoffentlich laufen sie nicht allein durch den Dschungel, dachte Mutter Wolf ängstlich. Hatte nicht Ikki, das Stachelschwein, gestern aufgeregt erzählt, dass der große Tiger Shir Khan wieder im Dschungel war?

Im Dschungel

Es war einmal vor langer, langer Zeit, da lebten im Lande Indien in einem Dschungel... Ach, ihr wisst nicht, was ein Dschungel ist? Nun, das ist ein dichter Wald, den es nur in warmen Ländern gibt. Er gedeiht dort, wo häufig Regen fällt und die Pflanzen und Tiere genug Wasser haben. Es gibt ganz hohe Bäume, die den Pflanzen und Tieren Schatten spenden, und darunter wachsen und blühen in wildem Durcheinander kleinere Bäume, Sträucher, Kräuter und Blumen. Im Dschungel gibt es Bananen und Mangos, Ananas und Kokosnüsse, Lilien und Orchideen, und an den Bäumen hängen Lianen und Flechten. Von den Blättern und Früchten ernähren sich viele Tiere. Überall summen und surren Insekten, Raupen krabbeln und knabbern, bunte Schmetterlinge flattern umher und saugen Nektar aus den Blüten, kleine Säugetiere sammeln Nüsse und Früchte, große Tiere gehen auf die Jagd, und in den Bäumen zwitschern die Vögel.

Mutter Wolf sucht ihre Kinder

Mutter Wolf trabte durch den Dschungel und rief laut die Namen ihrer drei kleinen Söhne: »Tapi! Wo bist du? Tapo! Komm doch her! Tapu! Es gibt etwas zu essen!« Sie blickte hinter jeden Baum, spähte in jedes Erdloch, aber vergeblich. Da sah sie auf einmal einen silbrig grünen Schimmer. Geradewegs vor ihr baumelte jemand von einem Ast, jemand, der ein wunderschönes Muster auf der Haut trug und einen sehr, sehr langen Körper hatte. Es war Kaa, die lange Riesenschlange, die ausgiebig gähnte. »Uuuaaahh!« machte sie. »Ssssuchsssst du etwassss, Mutter Wolf?« – »Ja, ich suche meine Söhne! Hast du sie gesehen?« – »Tapi, Tapo und Tapu? Nein, die habe ich heute noch nicht gessssehen. Aber weißssst du schon, dasss Shir Khan wieder im Dschungel ist?« – »Ach, du dumme Schlange, deshalb mache ich mir doch solche Sorgen!« sagte Mutter Wolf und versetzte Kaas Schwanzende einen ärgerlichen Stups.

Baghira, der schwarze Panther

Mutter Wolf wollte schon weiterlaufen, da rief jemand aus der Krone des Baumes: »Hallo! Was gibts denn?« Und ehe Mutter Wolf noch antworten konnte, rauschte es in den Blättern, und mit einem geschmeidigen Satz landete ein großer schwarzer Panther vor ihr auf dem laubbedeckten Boden. Es war Baghira, ein guter Freund der Wölfe. »Ach, Baghira!« rief Mutter Wolf erleichtert. »Du weißt doch bestimmt, wo meine kleinen Söhne sind! Shir Khan, der böse, gefräßige Tiger, treibt sich wieder im Dschungel herum, und ich habe Angst, er könnte ihnen vielleicht auflauern!« – »Bestimmt nicht!« beruhigte Baghira sie. »Shir Khan hat gestern eine Ziege erlegt, der ist heute nicht hungrig. Aber ich weiß, wo wir deine Söhnchen finden werden! Komm mit!« Und auf raschen Pfoten lief der Panther quer durchs Gesträuch davon. Mutter Wolf hatte Mühe, ihm auf den Fersen zu bleiben.

Bei Balu

»Da sind sie ja!« rief Mutter Wolf voll Freude, und erstaunt wandten ihr drei kleine Wölfchen die Köpfe zu. Sie saßen im weichen Gras vor einer großen Höhle, und neben ihnen hockte, den Rücken an einen Felsblock gelehnt, ein dicker, brauner Bär. »Hallo, Baghira!« sagte der braune Bär. »Guten Tag, Mutter Wolf!« – »Na, ich wusste doch, dass wir sie hier finden würden«, stellte Baghira befriedigt fest. »Bestimmt hat Balu ihnen wieder haarsträubende Lügengeschichten erzählt!« – »Was soll das heißen? Meine Geschichten sind nicht gelogen!« brummte der Bär. – »Nein, die sind ganz bestimmt wahr!« bestätigten die drei kleinen Wölfe. »Heute hat uns Balu erzählt, wie er auf einem Schiff gefahren ist und ganz allein drei Haifische besiegt hat!« Mutter Wolf lachte: »So, so! Und das habt ihr ihm geglaubt? Aber jetzt kommt mit, Vater hat uns eine Lammkeule mitgebracht!«

In der Bärenhöhle

Die Bärenhöhle ist ein gemütlicher Ort, dachte Tapi. Er kuschelte sich an Balus dicken, weichen, warmen Bauch und lauschte einer spannenden Geschichte. Überall an den Wänden der Höhle lagerten Vorräte: Bananen, Kokosnüsse, Ananas, Honigwaben, getrocknete Beeren, Nüsse..., der naschhafte Balu musste bestimmt nicht verhungern! Da beendete Balu seine Geschichte und erklärte: »So, mein Kleiner, jetzt wird geschlafen! Balu, der starke und wachsame Bär, wird heute Nacht auf dich aufpassen, damit dir nichts geschieht.« Gehorsam rollte sich der kleine Wolf zusammen und machte die Augen zu. Aber er konnte nicht einschlafen, denn viele Gedanken gingen ihm durch den Kopf. Was wohl seine Brüder jetzt machten? Ob sie schon einen Hirsch gefangen hatten? Voll Neid stellte Tapi sich vor, wie die beiden gerade mit all den erwachsenen Wölfen über die weite Ebene am Waigunga-Fluss liefen – ach, wie gerne wäre er dabei gewesen!

Immer auf die Kleinen!

Heute ging das ganze Wolfsrudel auf die Jagd, denn die Späher hatten gemeldet, dass auf den Wiesen am Fluss ein Hirschrudel graste. Tapo und Tapu, die beiden älteren Wolfskinder, durften heute zum ersten Mal mitgehen, und sie waren sehr stolz darauf. »Ätsch! Du musst zu Hause bleiben, weil du noch so klein bist!« rief Tapu voller Schadenfreude seinem kleinen Bruder Tapi zu. Als der Kleine daraufhin zu weinen begann, tröstete ihn seine Mutter: »Nicht weinen, Tapi. Du darfst heute Nacht bei Balu in der Bärenhöhle schlafen. Er wird auf dich aufpassen und dir bestimmt eine schöne Gute-Nacht-Geschichte erzählen.«
Da lächelte Tapi unter Tränen. Das wird bestimmt ein lustiger Abend! Und er war nur noch ein ganz kleines bisschen traurig, als seine Brüder am Abend mit dem Rudel davontrabten und er selbst mit Balu, dem gemütlichen Braunbären, zur Bärenhöhle aufbrach.

Ganz allein im Dschungel

Was war da nur für ein Leben im nächtlichen Dschungel! Überall knisterte und knackte, rauschte und raschelte es. Aufgeregt blickte Tapi mal nach links, mal nach rechts, mal nach vorne und mal nach hinten, ob da vielleicht irgend etwas herumlief, was er fangen konnte. Bewegte sich da nicht etwas hinter diesem Busch? Tapi machte einen flinken Sprung, doch seine Beute war schneller. Und was war das? Ein Rauschen und Flattern, ein ängstliches Piepsen und dann plötzlich Stille. Tapi sah sich erschrocken um. Doch es war nur Mang, die Fledermaus, die eine Maus gefangen hatte und nun zu ihrem Baum neben Balus Höhle zurückkehrte. Schnell versteckte sich Tapi im Gebüsch, damit Mang ihn nicht entdeckte und Balu von seiner Flucht erzählte. Aber was war das? Da leuchtete doch etwas Weißes! Neugierig schob sich der kleine Wolf durch die Büsche. Was konnte das sein?

Tapi geht auf die Jagd

Lautes Schnarchen dröhnte durch die Höhle, dass die Nüsse an den Wänden klapperten. Balu, der Bär, war eingeschlafen. Der kleine Tapi machte vorsichtig erst ein Auge auf und dann das andere und spähte durch die Öffnung der Höhle hinaus in die Nacht. Der schwarze Himmel war voller Sterne, und in den Blättern der Bäume rauschte der Wind. Langsam, ganz langsam, um Balu nicht zu wecken, schlich sich Tapi zum Höhleneingang. Hunderte von kleinen Tieren raschelten im Unterholz, und aus der Ferne hörte er das Geheul der Wölfe. Na wartet! dachte da der kleine Wolf. Ihr werdet schon sehen, ob ich zum Jagen zu klein bin! Wie würden seine Brüder staunen, wenn er ein Kaninchen oder eine Maus nach Hause brächte. Oder vielleicht sogar ein Schweinchen?

»Du bist ein so begabter Jäger!« würden die anderen Wölfe sagen. »Es war falsch von uns, dich zu Hause zu lassen.«

Ja, das werdet ihr bereuen, dachte Tapi grimmig und lief hinaus in die Nacht.

Der seltsame Riesenfrosch

Staunend blieb Tapi stehen und betrachtete das seltsame Wesen, das da vor ihm lag. So ein Tier hatte er noch nie gesehen! Es war gerade so groß wie Tapi und lag auf dem Rücken in einem geflochtenen Körbchen. Um die Hüften hatte es ein weißes Tuch, und es stieß komische, gurrende Laute aus. Vielleicht war es eine Schildkröte, die auf den Rücken gefallen war? Aber nein, Schildkröten hatten eine ganz harte, lederartige Haut. Dieses Tier hatte glatte Haut, die ganz zart und rosa war. Ein Frosch! Bestimmt war es ein riesiger Frosch! Vorsichtig näherte sich Tapi dem hilflos strampelnden Frosch, aber als er versuchte, ihn mit seinen Zähnen umzudrehen, begann der Frosch auf einmal laut zu brüllen. »Uuuuäääähhh!« schrie er. »Uuuuäääähhh!« Vor Schreck machte Tapi einen riesigen Satz nach hinten. Und dann drehte er sich um und rannte in Richtung Bärenhöhle davon.

9

Tapi holt Balu zu Hilfe

»Krrrch! Krrrch!« tönte das laute Schnarchen des dicken Bären. Er hatte noch gar nicht gemerkt, dass Tapi weggelaufen war! »Balu! Balu! Wach doch auf!« rief Tapi. Aber der Braunbär schnarchte ungerührt weiter. Mit den Zähnen zerrte Tapi an Balus Fell. »Wach doch auf, Balu! Ich habe einen Riesenfrosch gefunden!« Brummend drehte sich Balu auf die andere Seite.
»Was ist denn los?« murmelte er verschlafen. »Tapi? Ist etwas passiert?« – »Ja, komm schnell, du musst meinen Riesenfrosch ansehen!« rief Tapi. Balu setzte sich auf und schüttelte den Kopf. »Ein Riesenfrosch? Du hast bestimmt geträumt, Tapi. Geh wieder schlafen.« Tapi hüpfte aufgeregt auf und ab. »Nein, den Frosch gibt es wirklich, und er brüllt ganz laut! Ich habe ihn im Wald gefunden!« – »Was? Mitten in der Nacht?« »Nicht schimpfen, Balu! Ich wollte doch bloß jagen ...« Balu seufzte. »Na gut, schauen wir mal nach deinem Riesenfrosch.«

Ein Menschenjunges!

Ganz aufgeregt lief Tapi voraus. »Schau, da vorne! Siehst du das Weiße da? Das ist er!« Balu sah den Riesenfrosch nicht nur, er konnte ihn auch deutlich hören: »Uuuuuäääh! Uuuuuuäääh!« – »Das soll ein Frosch sein? Bist du sicher, Tapi?« fragte Balu. Und als sie näher kamen, begann Balu laut zu lachen. »Ach, Tapi, das ist doch kein Frosch!« sagte der dicke Bär. »Das ist ein ganz kleines Menschenjunges. Und es schreit so laut, weil es Hunger hat.« Tapi war erstaunt. Menschen sind die größte Gefahr für die Tiere im Dschungel, das sagte Vater Wolf immer wieder. »Ist es denn nicht gefährlich?« fragte er. – »Nein, dieser Mensch hier ist noch viel zu klein, Tapi«, beruhigte ihn Balu. »Erst wenn Menschen groß und erwachsen sind, werden sie den Tieren gefährlich. So kleine Menschlein sind noch ganz hilflos, sie können nicht allein laufen und sich nichts zu fressen suchen.«

Was fressen kleine Menschen?

»Das arme Menschenjunge!« sagte Tapi voller Mitleid. »Soll ich ihm eine Maus fangen?« Balu lachte wieder. »Nein, Tapi, kleine Menschen können kein Fleisch fressen. Sie brauchen Milch.« Nachdenklich betrachtete Balu das nackte Menschenjunge, das hilflos schreiend in seinem Körbchen lag. Woher sollte er nur die Milch nehmen, um einen kleinen Menschen zu füttern? Und wer würde ein Menschenjunges pflegen und aufziehen, hier im Dschungel? Balu hob das Baby aus seinem Körbchen, und sofort hörte der Kleine auf zu schreien und kuschelte sich in das warme, zottige Fell des Bären. »Ja, das gefällt dir, nicht wahr?« meinte Balu. »Aber wie sollen wir dich satt bekommen?« Da kam dem kleinen, schlauen Tapi eine Idee. Hatte er bis vor kurzem nicht selbst noch bei seiner Mutter Milch getrunken? »Wir könnten ihn zu meiner Mama bringen, die hat ganz viel Milch in ihren Zitzen!«

Milch für das Menschenjunge

Balu war begeistert. »Tapi, das ist eine ausgezeichnete Idee! Wir werden den Kleinen zu deiner Mutter in die Wolfshöhle tragen. Dort ist es warm und sicher, und er bekommt genug Milch, dass er so groß und stark werden kann wie du und deine Brüder.« Und vorsichtig bettete er den Kleinen zwischen seine riesige Pfoten und das warme Fell seines Körpers und machte sich mit Tapi auf den Weg zur Wolfshöhle. Freudig sprang der kleine Wolf vor ihm her. Das würde eine Überraschung für seine Brüder und für das ganze Rudel werden! Er, der kleine Tapi, der nicht mit auf die Jagd gehen durfte, hatte ein Menschenjunges gefunden! Und als sie an der Wolfshöhle ankamen, hüpfte er eifrig auf seine Mutter zu: »Mama! Mama! Schau mal, wir haben ein Menschenjunges mitgebracht!« Staunend blickten die Wölfe auf und sahen das kleine Bündel in Balus Pfoten.

Das Menschenjunge zieht in die Wolfshöhle

Mutter Wolf hingegen war zunächst gar nicht begeistert: »Ja, Tapi, was machst du denn da? Du solltest doch bei Balu schlafen!« Dann wandte sie sich an Balu: »Hast du denn nicht auf Tapi aufgepasst? So ein pflichtvergessener Babysitter!«
Von ihrem wütenden Schimpfen wachte das Menschenjunge auf, das friedlich im dichten Fell des Bären geschlafen hatte. Da es immer noch hungrig war, begann es nun laut zu brüllen: »Uuuuuääääh! Uuuuuääääh!« Überrascht hielt Mutter Wolf inne. »Ja, was ist denn das?« fragte sie erstaunt. Eifrig begann Tapi zu erzählen, wie er ganz allein das Menschenjunge gefunden hatte, und Balu bat Mutter Wolf, dem Kleinen doch etwas von ihrer Milch abzugeben. »Aber natürlich«, sagte Mutter Wolf. »Der arme Kerl, er hat sicher schreckliches Hunger!« Und so wurde beschlossen, dass das Menschenjunge fortan in der Wolfshöhle leben sollte.

Mogli, der Frosch
Das kleine Menschenjunge, das nun unter den Wölfen lebte, wuchs heran. Die Wölfe hatten ihm den Namen Mogli gegeben, was »Frosch« bedeutet, denn auch die anderen Wölfe fanden, dass das Menschenjunge mit seinem dicken, rosafarbenen Bauch und den strampelnden Beinchen einem Riesenfrosch ziemlich ähnlich sah. Wie ein Frosch hatte auch Mogli kein einziges Haar am ganzen Körper, nur auf dem Kopf wuchs ihm ein dichtes, schwarzes Fell. Dreimal täglich trank der kleine Mogli köstliche Milch von Mutter Wolf, und in der Nacht wärmte ihn das Fell seiner drei Wolfsbrüder. Als er etwas älter wurde, erklärte Mutter Wolf, er müsse jetzt lernen, sich wie ein Tier fortzubewegen, und bald krabbelte er auf allen vieren durch die Höhle und quietschte vor Vergnügen. Wie ein kleiner Wolf packte er Gegenstände mit den Zähnen, und oft gelang es ihm, seinen Brüdern ein Spielzeug wegzunehmen. Mutter Wolf war sehr stolz auf ihren Pflegesohn!

Was muss ein kleiner Mensch lernen?
Balu und Baghira hatten Mogli sehr gerne und besuchten ihn oft in der Wolfshöhle. Dann heulte Mogli vor Freude wie ein Wolf und krabbelte auf die beiden zu. »Mogli wird noch ein richtiger kleiner Wolf!« sagte Balu voller Bewunderung. Doch Baghira machte ein bedenkliches Gesicht. »Eines Tages wird er lernen müssen, sich so zu bewegen wie ein Mensch«, erklärte der Panther. »Ein Mensch hat viele Fähigkeiten, die Mogli im Dschungel nützlich sein können. Wenn er aufrecht gehen kann, dann kann er auch schnell laufen und mit den Wölfen auf die Jagd gehen. Und ein Mensch kann seine Hände und Finger gebrauchen und damit zum Beispiel eine Banane schälen. Mogli kann ja nicht immer von Milch leben.« Das sah Balu ein. Er blickte zu Mogli hinüber, der mit den kleinen Wölfen vor der Höhle herumtobte, und fragte dann nachdenklich: »Wer soll Mogli denn beibringen, aufrecht zu gehen?«

Mogli lernt laufen

»Na, du natürlich!« sagte Baghira lachend. »Du kannst doch sehr gut auf deinen Hinterpfoten gehen.« Und so übte Balu mit dem kleinen Mogli das Gehen auf zwei Beinen. O je, das war schwierig! Ganz wacklig stand Mogli auf zwei Beinen, klammerte sich an den Vorderpfoten des Bären fest, und ließ sich Schrittchen für Schrittchen vorwärtsziehen. Aber schon bald konnte er sich selbst hochziehen und ein paar unsichere Schritte machen, ehe er wieder auf sein Hinterteil plumpste. Tapi, Tapo und Tapu wollten sich vor Lachen ausschütten, während sie Mogli beim Laufenlernen zusahen. Es sah so komisch aus! Doch auf einmal ließ Mogli Balus Pfote los, und noch ehe er wusste, was er tat, rannte er auf zwei Beinen zu den Wölfen und zog sie alle drei kräftig am Schwanz.

Die Affenkönigin als Lehrerin

Balu und Baghira strahlten, denn nun hatte Mogli das Laufen gelernt. Aber wer sollte ihm zeigen, was man alles mit den Händen machen kann? Balu verfügte nur über dicke, weiche Tatzen, und Baghiras Vorderpfoten hatten Ballen, aber keine Finger.
Schließlich hatte der kluge Baghira eine Idee: Die einzigen Tiere im Dschungel, die Hände wie die Menschen hatten, waren die Affen.
»Diese freche und undisziplinierte Bande?« meinte Balu zweifelnd. »Bestimmt zeigen sie unserem Mogli nur Unsinn!«
Aber Tschi-Tschi, die Affenkönigin, erklärte sich bereit, Mogli zu zeigen, wie man eine Banane schält. Mit großen Augen beobachtete Mogli, wie die Äffin die Banane in die Hand nahm ... und keckernd damit im Baum verschwand. Enttäuscht sahen Balu und Baghira sich an. Die Affen waren wirklich zu gar nichts nütze!

Der Rat der Wölfe
Einmal im Monat, wenn Vollmond war, versammelten sich die Wölfe des Dschungels auf einer Lichtung, um ihre Ratssitzung abzuhalten. Im Rat der Wölfe wurde alles besprochen, was für das Wolfsrudel wichtig war. Hier wurden Streitigkeiten geschlichtet, hier wurde überlegt, ob ein junger Wolf schon alt genug war, um auf die Jagd mitzugehen, hier entschied man, ob ein alter, schwacher Wolf fortan zu Hause bleiben durfte und vom Rudel versorgt wurde. Alle erwachsenen Wölfe des Rudels saßen um den Felsblock, auf dem der große graue Leitwolf Akela thronte. Er eröffnete und schloss die Sitzung, und sein Wort gab den Ausschlag, wenn sich die Wölfe nicht einigen konnten. Baghira, der schwarze Panther, hatte als guter Freund der Wölfe eine Stimme im Rat, und er war auch heute dabei, zu hören, ob die Wölfe Mogli in ihren Kreis aufnahmen.

Mogli und die Wölfe
Zum Glück lernte der kleine Mogli auch ohne den Unterricht der Affenkönigin ganz von allein, seine Hände zu gebrauchen. Bald konnte er nicht nur Bananen schälen, sondern auch Nüsse und Honig sammeln und Fleisch zerteilen. Und es dauerte nicht lange, da war aus dem hilflosen kleinen Menschenjungen ein geschickter und kluger Junge geworden. Allerdings konnte er auch vieles, was Menschenkinder nie lernen, denn die Wölfe lehrten ihn Spurensuchen, Knurren, Zähnefletschen und andere Fähigkeiten. Vater und Mutter Wolf hatten ihn lieb gewonnen wie einen eigenen Sohn.
»Wir sollten Mogli für immer zu uns nehmen«, schlug Mutter Wolf vor. Vater Wolf nickte. »Bei der nächsten Ratssitzung könnten wir die Wölfe bitten, Mogli ins Rudel aufzunehmen. Was hältst du davon, Mogli?« - »Bin ich dann ein richtiger Wolf?« wollte Mogli wissen. »Nein, natürlich kannst du kein Wolf werden, aber du darfst für immer bei uns in der Höhle leben und mit den Wölfen auf die Jagd gehen.«

Menschen sind gefährlich!

Mogli war sehr aufgeregt, als er in den Kreis der Wölfe trat. Höflich verbeugte er sich vor dem grauen Akela und begrüßte dann in der Wolfssprache das Rudel, bevor er sich neben Mutter Wolf im Kreis niederließ. Alle Wölfe hatten die Augen auf das fremde Wesen in ihrer Mitte gerichtet, und manche der Blicke kamen Mogli sehr feindselig vor. Würden ihn die Wölfe ins Rudel aufnehmen? Da ergriff Akela das Wort: »Ihr Wölfe! Tretet nun vor und sagt, ob es gut und richtig sei, diesen Menschen in das Rudel aufzunehmen. Wenn ihr glaubt, er ist geeignet, um mit uns auf die Jagd zu gehen, Gefahr und Beute mit uns zu teilen und den Schutz des Rudels zu genießen, dann wird dieses Menschenkind wie ein Wolf unter Wölfen sein. Andernfalls wird es augenblicklich aus der Gemeinschaft der Wölfe ausgeschlossen und muss sich allein Nahrung, Obdach und Schutz suchen.« Und da sprang auch schon ein älterer, graubrauner Wolf auf und rief: »Menschen sind gefährlich!«

Rakti

»Ja, die Menschen sind gefährlich für uns Wölfe!« rief der Wolf, der Rakti hieß. »Und darum dürfen wir in keinem Fall einen von ihnen in unser Rudel aufnehmen. Einem Menschen kann man nicht trauen, denn eines Tages wird er ins Dorf gehen, ein Gewehr kaufen und uns erschießen! Das haben schon andere Menschen vor ihm versucht!«
Vater Wolf protestierte heftig und erklärte: »Mogli ist unter uns Wölfen aufgewachsen, er liebt die Wölfe und würde ihnen bestimmt nichts antun. Außerdem kann er mit seinen Menschenhänden nützliche Dinge tun. Und alles, was ein Wolf kann, das kann er auch.«
»So? Kann er das?« fragte Rakti höhnisch. »Dann soll er es beweisen! Wenn er so schnell und so geschickt ist wie die kleinen Wölfe des Rudels, dann können wir ihn vielleicht aufnehmen.«
Die anderen Wölfe nickten ernst mit den Köpfen. »So sei es!« riefen sie im Chor.

Die Prüfung

Erst musste Mogli mit den kleinen Wölfen um die Wette laufen, und zwar auf allen vieren. »Wer ins Wolfsrudel aufgenommen werden möchte, muss wie ein Wolf laufen!« forderte Rakti unerbittlich. Natürlich kam Mogli keuchend als letzter ins Ziel. »Jetzt soll er eine Maus fangen!« rief der bösartige Rakti. Habt ihr schon einmal mit bloßen Händen eine Maus gefangen? Nein? Nun, auch Mogli gelang es nicht. »Dieser Mensch kann sich nicht mit einem Wolf messen«, stellte Rakti hohnlachend fest, »er muss aus der Gemeinschaft ausgeschlossen werden.« Traurig ließ Mogli den Kopf hängen. Doch da trat Baghira vor, der bisher schweigend zugehört hatte. »Rakti, deine Prüfungen waren ungerecht, das weißt du genau. Mogli wird ein treues und nützliches Mitglied des Rudels werden. Seid ihr überzeugt, wenn ich euch das fette Rind gebe, das ich gestern geschlagen habe?« Und trotz Raktis Protest war das Rudel einverstanden: Das ersparte ihnen die nächste Jagd!

Honig für Balu

Eines schönen Mittags saß Mogli faul neben Balu im Schatten einer Platane, als plötzlich ein lautes Summen die Luft erfüllte. Balu schlug die Augen auf. »Was ist das für ein gewaltiger Bienenschwarm dort oben im Baum!« meinte er sehnsüchtig. »Bestimmt befindet sich dort ein wunderbares Astloch, gefüllt mit Honig für mindestens drei Bären. Aber«, fügte er hinzu und blickte bekümmert auf seinen dicken Bauch, »ich bin leider ein klein wenig zu schwer, um da hinaufzusteigen.« Mogli sah in die Baumkrone. Tatsächlich! Dort wimmelte es nur so von fleißigen Bienen, die mit Blütenpollen bepackt waren. »Wenn ich nur klettern könnte«, sagte Mogli, »dann würde ich dir den Honig aus dem Astloch holen.« – »Kein Problem«, ertönte da die Stimme von Baghira, der gerade des Wegs kam. »Mogli ist groß genug, um das Klettern zu lernen. Es wird Zeit, dass wir ihm Unterricht geben, Balu.«

Moglis Aufstieg

Balu hat gut reden, er muss ja nicht hinauf! dachte Mogli. Wie Balu gesagt hatte, zog er sich am ersten Ast hoch und schwang das linke Bein darüber. Doch dann wusste er nicht mehr weiter. »Und jetzt?« rief er nach unten. »Pack den zweiten Ast und zieh das rechte Bein nach!« rief Baghira. Und so, unter den hilfreichen Anweisungen seiner Freunde, gelangte Mogli von Ast zu Ast und immer höher hinauf. »Huhu!« jubelte er, als er den sechsten Ast erreicht hatte und winkte hinunter. Fast wurde ihm ein wenig schwindlig. Wie klein seine Freunde von hier oben aussahen! Doch dann kletterte er weiter, und mit jedem Schritt fühlte er sich sicherer. Es ging tatsächlich wie von selbst! In seiner Begeisterung hörte er gar nicht die warnenden Rufe von unten. »Dieses Kind!« brummte Baghira schließlich. »Klettert einfach weiter und weiß nicht, dass der Abstieg viel schwieriger als der Aufstieg ist.«

Mogli wird angeseilt

Mogli machte einen begeisterten Luftsprung. Klettern! Immer schon hatte er sich gewünscht, hoch oben in einem Baum zu sitzen. Es würde herrlich sein! Doch als er am hohen Stamm der Platane entlangblickte, kamen ihm Zweifel. »Dieser Baum ist wirklich sehr hoch!« meinte er zögernd. Doch Balu, der sich schon sehr auf einen ausgiebigen Honigschmaus freute, griff nach einer Liane. »Gar kein Problem«, meinte er vergnügt, »wozu gibt es schließlich Lianen?« Und mit diesen Worten band er die Schlingpflanze, die stärker als ein Seil war, um Moglis Bauch. »Damit kann dir gar nichts passieren, Mogli«, meinte der Bär. »Halt dich am ersten Ast fest und zieh dich hinauf. Dann geht alles wie von selbst, du wirst schon sehen!«

Moglis Abstieg

»Ach, wenn ich doch fliegen könnte wie du«, sagte Mogli verzweifelt zu einem kleinen Vogel, der gerade in sein Nest zurückkehrte. Doch es half alles nichts – er musste seine Angst überwinden und sich aus eigener Kraft an den Abstieg machen. Ganz langsam ließ er sich auf den nächsten Ast hinunter. Linker Fuß, rechter Fuß, linke Hand..., doch da geschah es: Als er die rechte Hand losließ, rutschte Mogli ab und fiel in die Tiefe. Aber er hatte Glück – die Liane, die ihm Balu zur Sicherheit um den Bauch gebunden hatte, bremste seinen Fall. Doch nun baumelte Mogli hilflos in der Luft, bis es ihm endlich gelang, einen Zweig zu fassen und sich an den Baum heranzuziehen. Noch zitternd vor Schreck löste er die Liane und stieg ganz vorsichtig das letzte Stück hinunter.
»Wo ist mein Honig?« empfing ihn Balu voller Ungeduld, und Mogli senkte den Kopf.
»O je, den habe ich vergessen! Aber ich klettere morgen wieder hinauf. Versprochen!«

Auf dem Baum

Die beiden mussten sehr lange warten, denn Mogli hatte alles um sich herum vergessen. Vergnügt saß er in einer Astgabel und betrachtete die Welt unter sich. Um ihn herum zwitscherten und sangen unzählige Vögel, die Bienen surrten, und ab und zu schwang sich geschickt ein Affe an ihm vorüber. Das Herrlichste aber waren die goldgelben Waben mit dem zuckersüßen Honig! Mogli schleckte und schleckte und dachte gar nicht mehr daran, dass Balu unter dem Baum saß und sehnsüchtig auf seinen Honig wartete. Erst als die Sonne bereits tief am Horizont stand und die blasse Mondsichel schon zu sehen war, wurde Mogli klar, dass er noch vor Einbruch der Dunkelheit wieder hinunterklettern musste. Doch das war leichter gesagt, als getan! Als er sich an den Abstieg machen wollte, merkte er erst, wie hoch oben er war. Er wagte nicht, seinen sicheren Platz zu verlassen und den Fuß auf den nächsttieferen Ast zu setzen. Oh, wie jämmerlich wurde ihm da zumute!

Badefreuden

Im indischen Dschungel ist es das ganze Jahr über sehr heiß. Unbarmherzig brennt von früh bis spät die Sonne vom Himmel, und gäbe es nicht die hohen Bäume, die wie riesige Sonnenschirme Schatten spenden, könnten weder Tiere noch Menschen dort leben. Da ist es sehr angenehm, wenn man ab und zu in dem kleinen See, der sich direkt hinter der Wolfshöhle befindet, ein erfrischendes Bad nehmen kann. Vor allem in den Mittagsstunden, wenn die Sonne ihren höchsten Stand erreicht hat, gibt sich dort die ganze Dschungeltierwelt ein Stelldichein. Wenn das Plantschen und Plätschern, das Prusten, das Kreischen und das Geschrei fröhlich durch den Dschungel tönt, lässt sich gelegentlich sogar Shir Khan, der mürrische Tiger, anlocken und steigt in einiger Entfernung von den anderen Tieren ins Wasser, um sich abzukühlen. Ja, wenn es diesen kleinen See nicht gäbe, dann wäre es im Dschungel wirklich nur halb so lustig!

Ein Ausflug zum See

Irgendwann war auch Mogli nicht mehr zu halten, als die kleinen Wölfe wieder einmal loszogen, um zum Baden zu gehen. Er wollte unbedingt mitgehen!
»Passt gut auf ihn auf«, ermahnte Mutter Wolf ihre Söhne. »Mogli kann noch nicht schwimmen und darf nur bis zu den Knien ins Wasser gehen, habt ihr verstanden?«
»Ja, ja«, riefen die Kinder und rannten, so schnell sie konnten, zum See hinüber.
Dort stand, wie so oft, Hathi, der Elefant, im seichten Wasser und verpasste sich mit seinem eigenen Rüssel eine Dusche. Und war das nicht Baghira, der träge zwischen Seerosen und Wasserpflanzen dahinglitt?
»Huch, ist das nass!« hörten die Kinder jemanden brummeln, als sie ans Ufer kamen. Das war der wasserscheue Balu, der sich die Tatzen ein bisschen benetzte. Und im Wasser sahen sie einen langen, glitzernden Leib, der blitzschnell am Ufer entlangglitt – Kaa, die Riesenschlange. Alle waren heute versammelt, und kreischend vor Vergnügen stürzten sich die kleinen Wölfe in den See.

Ein fremdes Tier im Dschungel

Mogli planschte fröhlich am Ufer und bestaunte die Welt des Wassers. Kleine Fische flitzten um seine Beine, und Frösche hüpften über die Seerosenblätter. Neugierig beugte sich Mogli vor, um die Unterwasserwelt näher zu betrachten. Doch was war das? Ein fremdes Tier, das er noch nie gesehen hatte, sah ihm ins Gesicht! Es hatte kein einziges Haar um die Schnauze, nur zwischen den Ohren und über der Stirn wuchs ein kleines schwarzes Fell. Auch am übrigen Körper war das Tierchen ganz nackt. Mogli stieß einen erschrockenen Schrei aus, und eilig kamen seine Freunde angeschwommen. »Was ist denn passiert, Mogli?« fragten sie besorgt. »Da, schaut mal«, stammelte Mogli und wies auf das seltsame Tier, das auf den Wellen schaukelte und jetzt ebenfalls einen Finger ausstreckte. »Aber Mogli«, riefen die Tiere lachend, »das bist doch du! Das Tier ist dein eigenes Spiegelbild!«

Mogli, der beste Freund der Tiere

»Das soll ich sein?« fragte Mogli entrüstet. »Nie und nimmer.« – »Doch, Mogli«, antwortete Baghira, »du bist ein Menschenjunges und siehst deshalb anders aus als die Tiere des Dschungels.« Einen Augenblick lang wurde Mogli sehr traurig. Er war der einzige im Dschungel, der so anders aussah! Doch da erhob der alte, weise Hathi seine Stimme. »Sei nicht traurig, Mogli«, sagte er. »Jedes Lebewesen ist auf seine eigene Art schön, auch die Menschen. Es gab einmal eine Zeit, da lebten die Menschen und die Tiere friedlich zusammen. Erst als die Menschen begannen, die Tiere auszurotten, fing die Feindschaft zwischen uns an. Doch auch wenn du ein Mensch bist, Mogli, bleibst du doch unser Freund. Wenn du einmal groß bist, wirst du zu den Menschen gehen und ihnen von dem Leben im Dschungel erzählen. Vielleicht kann das die Feindschaft endlich beenden.« Mogli nickte getröstet. Doch er war froh, dass er noch klein war und noch lange, lange bei seinen Freunden im Dschungel leben würde.

Mogli wird entführt

Staunend lauschten die Tiere Hathis Schilderungen. Am meisten beeindruckt aber war Tschi-Tschi, die dumme Affenkönigin. Seit sie vom Glanz des indischen Fürstenhofs gehört hatte, wollte sie einen Diener haben, genau wie ein Maharadscha. War nicht auch sie eine Herrscherin mit vielen Untertanen? Allerdings gelang es ihr nie, einen Affen zu überreden, ihr Diener zu werden. Noch jeder ihrer Untertanen hatte schon nach wenigen Minuten den Palmwedel beiseite geworfen und war keckernd im nächsten Baum verschwunden. Wo sollte Tschi-Tschi nur einen geeigneten Diener finden? Eines Nachmittags spielte Mogli gerade allein am Bach, als er plötzlich über sich ein lautes Schnattern hörte. Und ehe er sichs versah, hatte ihn jemand am Bein gepackt und nach oben gerissen. Und dann flog er – hui! am Arm der kreischenden Affenkönigin schwindelerregend schnell durch den Urwald. Im Galopp ging es von Baum zu Baum, und immer wilder wurde die Reise durch den Dschungel.

Hathis Geschichte

Hathis Großvater war Leibelefant eines mächtigen indischen Fürsten gewesen, und daher wusste Hathi viel vom Glanz der großen Hauptstadt zu erzählen. Oft saßen die Tiere zusammen und lauschten Hathis aufregenden Schilderungen.
»Der Maharadscha – so nennen die Inder ihre mächtigen Fürsten – hat viele Untertanen«, begann er eines Tages. »Wenn er vor seinen Palast tritt, künden zwanzig Trompetenstöße von seinem Erscheinen. Und alle, ob Mann, Frau, Kind oder Greis, gehen in die Knie und erweisen ihm die Ehre. Ja, ja, ja«, sagte Hathi, »das hat mein Großvater alles selbst gesehen. Der Maharadscha hat auch einen prächtigen Palast, in dem Gold, Silber und Edelsteine funkeln und glitzern! Fünfhundert Diener versorgen den Fürsten. Sie fächeln ihm Kühlung zu, probieren jede Speise, kleiden ihn an, stutzen seinen Bart und wickeln ihm den Turban. Ja, ja, ja ... das hat mir mein Großvater oft erzählt.«

Mogli wird Diener

Endlich ließ sich die dumme Königin keuchend auf einem riesigen Affenbrotbaum nieder, der vor den Toren der alten Ruinenstadt wuchs. Dann drückte sie Mogli einen Palmwedel in die Hand und erklärte: »Endlich habe ich einen Diener. Als erstes fächelst du mir Kühlung zu.« Mogli, der nicht wusste, wie ihm geschah, begann mit dem Zweig zu wedeln. Er wedelte, bis ihm der Arm weh tat, doch immer, wenn er den Zweig sinken ließ, bekam er einen unsanften Stupser. »Diener Mogli«, sagte die Affenkönigin dann, »du musst mir gehorchen. Als nächstes sollst du mich lausen.« Wohlig streckte sie sich auf dem Ast aus, damit Mogli ihren Pelz nach Läusen absuchen konnte. Was für eine grässliche Arbeit! In Tschi-Tschis ungepflegtem Fell fanden sich nämlich eine ganze Menge kleiner, schwarzer Läuse. Verzweifelt überlegte Mogli, wie er sich aus dieser Lage befreien konnte. Doch was sollte er tun?

Moglis Rettung

Mit einem Satz sprang Baghira auf und begann fieberhaft nachzudenken. Wen fürchteten die Affen so sehr, dass sie Mogli freigeben würden?
»Kaa! Ich muss Kaa finden!« rief er und rannte zum Bach, wo die Schlange oft in der Sonne lag. »Kaa, komm schnell«, sprudelte Baghira aufgeregt hervor. »Du bekommst die Hälfte meiner nächsten Jagdbeute, wenn du mir hilfst!« Die Schlange hob träge den sonnenwarmen Kopf. »Mal langsssssam, Baghira! Wassss issst denn passsiert?«
»Die Affenkönigin hat Mogli gefangen!« Sofort war die Schlange wach. Ohne zu zögern, schlängelte sie sich so schnell auf die Affenstadt zu, dass Baghira kaum nachkam. Die Affenkönigin hörte plötzlich ein gefährliches Zischeln: »Lasss sssofort Mogli losss!« Und schon wand sich der mächtige Körper der Riesenschlange am Affenbrotbaum nach oben. Kreischend vor Angst schwang sich Tschi-Tschi davon, und erleichtert ritt Mogli auf Baghiras Rücken nach Hause.

Tschil, der Geier

Die Sonne sank bereits, als er ein Schnarchen vernahm. Tschi-Tschi war eingeschlafen! Mogli sah sich um. Der Baum, auf dem er saß, war sehr hoch, und in dieser Gegend kannte er sich überhaupt nicht aus. Wie sollte er da fliehen? Sollte er denn gar nicht mehr freikommen? – Doch während Mogli noch überlegte, ob er nun für immer Tschi-Tschis Diener bleiben würde, hörte er über sich ein lautes Flügelschlagen. Es war Tschil, der Geier, ein guter Freund von Balu und Baghira. »Tschil!« rief Mogli leise, um die Affenkönigin nicht zu wecken. »Ich bins, Mogli! Tschi-Tschi hat mich gefangen genommen. Sag schnell den anderen Bescheid, damit sie mich retten!« – »Mogli, mein Junge«, krächzte Tschil, »ich tue, was ich kann!« Und schnell wie der Wind flog Tschil über die Baumwipfel hinweg und landete neben Baghira, der sich gerade sonnte. »Dein Freund Mogli«, sagte er, »sitzt als Gefangener von Tschi-Tschi im Affenbrotbaum vor der Ruinenstadt. Du musst ihn befreien.«

Shir Khan ist unterwegs

Das gefährlichste Tier des indischen Dschungels war Shir Khan, der alte Tiger. Immer wieder hatte Mutter Wolf Mogli gewarnt: »Wenn du aus der Ferne ein Brüllen hörst, dann ergreif sofort die Flucht! Denn das ist die Stimme von Shir Khan, der auf der Suche nach Beute durch den Urwald zieht. Und weil er schon alt und lahm ist, greift er nicht ebenbürtige Gegner an, sondern geht auf alle los, die kleiner und schwächer sind. Also, Mogli, sei vorsichtig!« Und damit begann sie, Moglis schwarze Haare zu lecken, denn dies ist die Art, wie Wolfsmütter ihre Kinder waschen. Eines Tages zog das ganze Wolfsrudel los, um neue Jagdgründe am Flussufer zu erkunden. »Bleib schön zu Hause«, ermahnte Mutter Wolf ihren Sohn Mogli, »denn Tschil hat mir berichtet, dass Shir Khan wieder unterwegs ist. Wir sind bald wieder zurück.« Ein letztes Mal drückte sie Mogli an sich, und dann trabte sie mit Vater Wolf und den drei kleinen Wölfen davon.

Mogli langweilt sich

Mogli blieb allein in der Wolfshöhle zurück. Er spielte erst mit einigen Steinen, die er gesammelt hatte, aber bald wurde ihm sehr langweilig. Was soll man schon allein in einer Höhle anfangen? Eine Zeitlang lauschte er seinem eigenen Echo, das die Höhlenwand zurückwarf. »Mogli!« sang er, und: »ogli - gli - li!« tönte es zurück. Doch bald wurde ihm auch das zu langweilig. »O je!« gähnte Mogli. »Muss ich wirklich den ganzen Tag in der Höhle sitzen? Ich würde viel lieber am See spielen!« Mogli ging zum Eingang der Höhle und sah hinaus. Die Sonne schien, die Vögel zwitscherten - es war ein herrlicher Tag. »Ach was!« sagte Mogli laut. »Bestimmt sind viele Tiere am See, da kann mir nichts passieren.« Und obwohl Mutter Wolf es verboten hatte, lief er hinunter ans Wasser. Doch da war niemand, denn viele Tiere hielten sich aus Angst vor Shir Khan in den Höhlen und Nestern verborgen.

Mogli in großer Gefahr

Mogli hatte sich kleine Rindenschiffchen mit Segeln aus Seerosenblättern gebaut und betrachtete zufrieden seine Flotte, die auf den Wellen des Sees hin und her schaukelte. So vertieft war er in sein Spiel, dass er gar nicht hörte, wie sich jemand an ihn heranschlich. Plötzlich ertönte eine heisere Stimme neben ihm: »Na, wen haben wir denn da?« Mogli sprang erschrocken auf. Vor ihm stand eine riesige, gelbschwarz gestreifte Raubkatze, die bösartig grinste. »Der kleine Mogli, so ganz allein am See!« knurrte die Katze. Starr vor Entsetzen stand Mogli da. »Darf ich mich vorstellen?« fragte das große Tier mit falscher Freundlichkeit. »Ich bin Shir Khan, der Tiger. Und ich habe übrigens immer Hunger.« Shir Khan knurrte und trat noch einen Schritt vor. »Besonders gern mag ich zartes, junges Fleisch ...« Mit diesen Worten setzte der Tiger zum Sprung an.

Moglis List

Verzweifelt sah Mogli sich um. Nur wenige Meter entfernt von ihm befand sich eine Höhle mit einer kleinen Öffnung. Wenn er dorthin käme ... »M-m-meine Verehrung, edler Shir Khan«, stotterte Mogli, und der Tiger hielt im Sprung inne. »I-i-ich fr-freue mich sehr, Sie kennen zu lernen, weil ich schon viel Gutes über Sie gehört habe. Man rühmt Sie im ganzen Dschungel.« Shir Khan ließ sich erstaunt auf die Hinterpfoten sinken. Das hatte ihm noch niemand gesagt! Neugierig fragte er: »Tatsächlich? Was erzählt man sich denn so über mich?« »Na ja, die anderen Tiere sagen, Sie seien tapfer ...« Ohne Shir Khan aus den Augen zu lassen, trat Mogli ein paar Schritte zurück. »... und großzügig ...« Weitere Schritte brachten Mogli dem Höhleneingang näher. »... und stets hilfsbereit ...« Mogli sah sich um. Noch ein kleines Stück, dann war er gerettet! »... und der dümmste und lahmste Tiger im ganzen Dschungel!« Und mit einem Satz verschwand Mogli in der Höhle.

Shir Khan wird besiegt

Gähnend erwachte Kaa aus ihrem Mittagsschlaf. »Uaahh!« machte sie. »Ein Bad im Sssseee, dasss wäre jetzt sssehr sssschön!« Und sie schlängelte sich durchs Dschungelgras ans Ufer hinunter. Doch da hörte sie plötzlich Shir Khans wütendes Brüllen und sah die große Raubkatze unruhig vor dem Höhleneingang hin- und her- laufen. »Ich werde dich schon noch kriegen, Mogli!« drohte der Tiger. Und aus dem Innern der Höhle antwortete eine Stimme: »Das werden wir erst noch sehen, du dumme, alte Katze!« Kaa hielt inne. »Mogli issst in Gefahr!« zischelte sie und eilte davon, um Baghira und Balu zu holen. Und dann begann ein Kampf, wie ihn der Dschungel noch nie erlebt hatte: Baghira setzte mit einem lauten Brüllen zum Angriff an, Kaa wand ihren riesigen Leib um den alten Tiger, und Balu schlug mit den Tatzen auf ihn ein. »Verschwinde von hier!« brüllte Baghira. »Und laß Mogli ein für alle Mal in Ruhe!« Und mit eingezogenem Schwanz musste Shir Khan das Weite suchen.

Eine kalte Dusche

Viele Tiere tummelten sich bereits am See, als Mogli mit den kleinen Wölfen angetrabt kam. War das ein Plantschen und Plätschern und Johlen und Kreischen! Begeistert stürzten sich Tapo, Tapu und Tapi in die Fluten, während Mogli ein wenig traurig am Ufer zurückblieb. Ach, wenn er nur auch schwimmen könnte! Da kam Hathi rüsselschwenkend auf ihn zugestapft. »Komm her, mein Junge«, sagte er und stieß einen lauten Trompetenton aus, »heute bekommst du eine besonders schöne Dusche.« Und damit spritzte er Mogli von oben bis unten nass. Brrr, war das kalt! Der Wasserstrahl aus Hathis Rüssel warf Mogli beinahe um. »So!« prustete Hathi. »Und jetzt pass mal auf, Mogli.« Und er nahm eine besonders tüchtige Portion Wasser und zielte auf Balu, der friedlich am Ufer saß und döste. Und was meint ihr, was geschah? Der dicke, starke Balu wurde einfach umgeworfen!

Schwimmen – das wär schön!

Hathi lachte dröhnend, während Balu sich aufrappelte und sich das Wasser aus den Augen rieb. »Du dummer Elefant!« schimpfte der Bär. »Ich hatte gerade so einen wunderbaren Traum! Von Bienen und Honig, Nüssen...« Wütend rieb er seinen Pelz trocken und setzte sich in die Sonne, um sich aufzuwärmen. Mogli ließ sich neben ihm ins Gras fallen und fragte: »Kannst du eigentlich schwimmen, Balu?« – »Wenn es sein muss«, brummelte der Bär, »aber eigentlich bin ich kein Freund von Wasser. Es genügt mir, wenn ich manchmal meine Tatzen ein bisschen abkühlen kann.« – »Ich möchte so gern schwimmen können«, erklärte Mogli und blickte sehnsüchtig zu seinen Wolfsbrüdern hinüber, die im tiefen Wasser plätscherten und tobten.

Balu sah ihn nachdenklich an. »Schwimmen kann man lernen«, meinte er. »Wir müssen nur einen Lehrer für dich finden.«

Mogli kann schwimmen!

Alle Tiere sahen zu, wie Mogli an Hathis Rüssel langsam vorwärts schwamm. »Lass mich bloß nicht los, Hathi«, rief Mogli atemlos, »sonst ertrinke ich.« »Keine Angst, mein Junge«, meinte Hathi beruhigend, »ich passe schon auf, dass du nicht untergehst.« Geführt von Hathis Rüssel, paddelte Mogli langsam durch den See, während der riesige Elefant neben ihm im Wasser ging. Dann löste Hathi langsam den festen Griff seines Rüssels und stützte Mogli nur noch am Bauch. Eifrig plantschend schwamm Mogli an einem Nilpferd vorbei, das träge im Wasser lag. »Sehr schön, mein Junge!« sagte es und riss sein riesiges Maul auf.
»Sehr schön!« piepste auch ein leuchtend roter Kolibri, und sogar ein Krokodil sperrte sein riesiges Maul vor Erstaunen auf.
Plötzlich hörte Mogli alle Tiere laut rufen und Beifall klatschen. Er wandte den Kopf zum Ufer – und jetzt bemerkte Mogli erst, dass Hathi weit hinter ihm stand.
Längst paddelte er allein im tiefen Wasser – er konnte schwimmen!

Schwimmlehrer Hathi

Da tauchte Baghira aus den Fluten auf. Sein pechschwarzes Fell glänzte, als er sich bei den Freunden niederließ. »Baghira, kannst du Mogli das Schwimmen beibringen?« fragte Balu. Aber der schwarze Panther schüttelte den Kopf. »Nein, ich glaube nicht, denn ich schwimme mit vier Pfoten, und Mogli muss das Schwimmen mit Armen und Beinen lernen. Aber ich glaube, ich habe eine Idee ...« Baghira stand auf und lief zu Hathi, der sich noch immer damit vergnügte, andere Tiere anzuspritzen. »Hathi, hör doch auf damit!« rief er. »Wir brauchen deinen Rüssel für eine nützlichere Aufgabe.« Und dann lernte Mogli auf eine Art das Schwimmen, wie es wohl kein anderes Kind je gelernt hat. Und wisst ihr, wie? Hathi schlang einfach seinen Rüssel um Moglis Bauch und zog den Jungen durchs Wasser. Anfangs war Mogli etwas bange, denn er wusste, dass der See sehr tief war. Doch dann fing er an zu strampeln und nach Wolfsart mit Händen und Füßen zu paddeln.

Tschi-Tschi wünscht sich ein Kleid

Eines Tages saß Tschi-Tschi, die dumme Affenkönigin, wieder einmal in ihrem Lieblingsbaum und jammerte vor sich hin. »Ach«, klagte sie, »wie gut hat es doch der Maharadscha! Er trägt stets die prächtigsten Kleider und hat Diener für alles und jedes. Und was habe ich? Nur dumme Untertanen, die nicht im Traum daran denken, mich zu bedienen oder gar vor mir auf die Knie zu fallen. Und wo sind die edlen Gewänder, die mir in meiner Stellung zukommen? Kein Wunder, dass mir niemand Respekt erweist! Oh, ich bin die ärmste Königin der Welt!« Tabaki, der bösartige Schakal, der nichts Schöneres kannte, als anderen Schaden zuzufügen, hörte ihr lautes Gejammer. Mit verschlagenem Blick trat er auf sie zu. »So in Gedanken, Königliche Hoheit?« fragte er mit schmeichlerischer Stimme.

Schawi, der eitle Pfau

Im Dschungel gab es kein prachtvolleres Tier als Schawi, den Pfau. Mindestens hundert blau schillernde Augen schmückten seine Schwanzfedern, die er wie einen Fächer aufschlagen konnte. Schawi war außerordentlich stolz auf seine Schönheit, er wusste genau, wie eindrucksvoll sein Gewand war. Deshalb versäumte er keine Gelegenheit, sich vor den staunenden Tieren zu spreizen und dabei zu rufen: »Ich bin Schawi, der Pfau, vor dessen Schönheit selbst die strahlende Sonne Indiens verblasst!«
Fand er aber niemanden, dem er sich zeigen konnte, so stellte er sich einfach vor eine Wasserpfütze, schlug sein Pfauenrad und bewunderte sein eigenes Spiegelbild. Natürlich merkte er in seiner Eitelkeit nicht, dass ihn andere Tiere heimlich dabei beobachteten und über ihn lachten. Doch abgesehen davon, dass er sich viel auf seine Schönheit einbildete, war Schawi ein netter Kerl, und die meisten Tiere mochten ihn gern.

Tabakis Idee

Tschi-Tschi sah den Schakal gerührt an. Endlich erwies ihr jemand den Respekt, der ihr zukam, und redete sie mit ihrem Titel an! »Eine Königin, die aussieht wie ihre Untertanen!« wandte sie sich ihm zu. »Wie soll man mich so als Königin erkennen?« – »Nun, da wüsste ich schon eine Lösung, Euer Majestät«, sagte Tabaki mit falscher Freundlichkeit. »Schawi, der Pfau, könnte sicher einige Federn entbehren. Seine Schönheit ist ihm ohnehin zu Kopf gestiegen. Sammelt Eure Untertanen bei der großen Wasserpfütze, Königliche Hoheit! Ich werde den eitlen Pfau dorthin locken, und dann kann das Rupfen beginnen.« Tschi-Tschi gefiel dieser Plan außerordentlich. Wie herrlich würde ihr ein Kleid aus leuchtend blauen Pfauenfedern stehen!

Tabaki überlistet Schawi

Voller Schadenfreude machte sich Tabaki sofort auf den Weg zu Schawi. Bald würde der eitle Pfau aussehen wie eine gerupfte, alte Krähe!
»Meine Verehrung, Meister Schawi!« rief Tabaki schon von weitem. »Edelster, ich bin ja so froh, Sie zu sehen! Denn bei all den hässlichen und missgestalteten Tieren, deren Anblick man im indischen Dschungel ertragen muss, verlangt es mich nach wahrer Schönheit.« Schawi lächelte verzückt und schlug sein Rad. »Vor diesem Federschmuck verblasst die Sonne Indiens«, sagte Tabaki heuchlerisch, denn er wusste, dass Schawi dieses Lob am liebsten hörte. »Doch was muss ich da sehen, Meister Schawi? Zwei Ihrer wunderschönen Augen scheinen mir etwas zerdrückt.« Beunruhigt schielte Schawi nach hinten auf seinen Schwanz.

»Kommen Sie, Meister«, sagte Tabaki, »in der Pfütze können Sie den Schaden besser erkennen.« Und mit dem aufgeregt gurrenden Schawi im Gefolge lief Tabaki zur Wasserpfütze.

Schawi wird gerupft

Ihr könnt euch wohl denken, was den armen Schawi bei der Pfütze erwartete! Zwanzig schnatternde Affen stürzten sich auf ihn und rissen ihm die Schwanzfedern aus. »Aua!« schrie Schawi, und »Hilfe, Hilfe!«, so laut, dass es bis in Balus Höhle zu hören war, wo Mogli gerade gemütlich mit dem Bären plauderte. »War das nicht Schawi?« fragte Mogli, als er die verzweifelten Rufe hörte. »Schnell, Balu, wir müssen Schawi zu Hilfe kommen!« Doch als die beiden bei der Wasserpfütze ankamen, hatte Baghira den Pfau bereits gerettet. Mit Gebrüll war er zwischen die Affenhorde gefahren und hatte die Quälgeister vertrieben. Auch Tabaki hatte seinen Teil abbekommen. Doch Schawi, der einst so prächtige Pfau, saß gerupft und kahl an der Wasserpfütze. »Bestimmt wachsen deine Federn bald wieder!« meinte Mogli tröstend, doch der Pfau weinte bitterliche Tränen.

Balu bekommt Bauchweh
Doch sehr lang dauerte dieser Schlaf nicht, denn schon nach einer Stunde weckte den Bären ein gewaltiges Grimmen und Poltern in seinem Bauch. Oh, wie tat das weh! Jammernd drehte sich Balu auf den Rücken und streckte alle viere von sich. Mächtig und viel dicker als sonst wölbte sich sein Bauch wie ein gewaltiger Hügel. »Au, au, au«, klagte der arme Balu. In seinem Bauch gluckste es, als habe er einen ganzen See verschluckt. »Zu Hilfe!« rief Balu, »zu Hilfe! Ich sterbe!« Mühsam versuchte er aufzustehen, doch durch das enorme Gewicht seines Bauches verlor er sofort das Gleichgewicht und fiel auf sein dickes Hinterteil. Schließlich gelang es ihm endlich, sich auf alle viere zu stellen, und ganz vorsichtig und laut stöhnend schleppte er sich vorwärts. Ach, wie rumpelte und pumpelte es in seinem Bauch! Ächzend ließ er sich schließlich vor der Wolfshöhle nieder und rührte sich nicht mehr vom Fleck.

Balu, der Fresssack
Balus allerliebste Beschäftigung war das Essen. Ständig knabberte er etwas, entweder Nüsse, Wurzeln, Beeren oder auch einmal ein paar Fleischhappen. Seine Lieblingsspeise aber war der süße Honig, den die Bienen aus dem Nektar der Blüten bilden. Im Dschungel gab es Lilienhonig, Tamariskenhonig, Palmenhonig und sogar Orchideenhonig. Dieser Honig war der süßeste, und wenn Balu die Gelegenheit bekam, davon zu kosten, kannte er kein Halten mehr. – Eines Tages fand Balu in einem hohlen Baum so viele Waben, vollgefüllt mit Orchideenhonig, dass ihm das Herz im Leibe lachte. Gierig langte er mit seiner großen Bärentatze hinein und fing an zu schlingen – dass dabei ein paar Bienen mit in seinen Magen wanderten, störte ihn nicht. Er schleckte und aß, er kaute und schluckte, bis der ganze Orchideenhonig restlos vertilgt war. Dann ließ er sich glücklich im Schatten eines Baumes nieder und schlief ein.

Mutter Wolf weiß Rat

»Mutter Wolf, komm schnell«, rief Mogli voller Sorge, als er seinen Freund bewegungslos daliegen sah. »Balu ist schrecklich krank!« – »Ach je, bestimmt hat er sich wieder einmal überfressen«, meinte Mutter Wolf und trat vor die Höhle. Sie war eine kluge Wölfin, und oft kamen kranke Tiere, um sie um Hilfe zu bitten. »Ja, schau nur, wie dick sein Bauch ist! Wenn Balu Honig sieht, kann er sich einfach nicht zurückhalten.« »Oh, oh, oh«, jammerte Balu. »Mir ist so schlecht! Ich weiß gar nicht, woher das kommt.« – »Na, du wirst wohl zu viel gefressen haben«, erklärte Mutter Wolf. Balu sah sie flehentlich an. »Hast du denn kein Kraut, das gegen meine Bauchschmerzen hilft? Irgendeine wirksame Medizin?« fragte er. »Dagegen gibt es nur eine Medizin: Hungern. Du wirst sehen, in drei Tagen wird es dir wieder viel besser gehen«, sagte Mutter Wolf streng.

Balus Fastenkur

»Drei Tage!« Balu starrte sie entsetzt an. »Drei Tage soll ich hungern! Das überlebe ich nicht.« – »Sei nicht albern, Balu«, meinte Mutter Wolf. »Dein Bauch ist so dick, dass du noch viel länger ohne Futter überleben könntest. Wir bringen dich jetzt in die Wolfshöhle, und da wirst du schön liegen bleiben, bis du gesund bist.« – Und da lag Balu nun. Am ersten Tag fühlte er sich noch ganz elend, aber schon am zweiten Tag hatte er wieder Appetit. »Mutter Wolf«, jammerte er. »Mein Bauch ist schon viel kleiner geworden. Darf ich nicht wenigstens ein paar Nüsse essen?« Doch Mutter Wolf blieb unerbittlich. »Erst nach drei Tagen bist du wirklich wieder gesund«, erklärte sie. Mogli hatte Mitleid mit dem armen Bären und erzählte ihm Geschichten, damit er das Fasten leichter überstand. Und endlich war das Bauchweh ausgestanden, und mit großem Appetit ging Balu zurück in seine Bärenhöhle, wo er noch einen hübschen Honigvorrat hatte ...

Ein kleiner Wolf soll jagen lernen
Tapi, das kleinste der jungen Wölfe, war nun bald zwei Jahre alt. »Es ist Zeit, dass Tapi das Jagen lernt«, sagte eines Abends Vater Wolf zu Mutter Wolf, als die ganze Familie um einen schönen fetten Rinderschlegel versammelt saß. »Hurra!« jubelte Tapi und machte einen kleinen Luftsprung. »Endlich darf ich auch auf die Jagd gehen!« – »Nicht so wild, Tapi«, wies ihn Mutter Wolf zurecht, »du trittst ja mit deinen Pfoten mitten ins Fleisch!« Besorgt wandte sie sich an Vater Wolf: »Ich finde, dass er eigentlich noch ein bisschen zu klein dafür ist.« – »Ach, je früher, desto besser«, meinte dieser und knabberte genüsslich an einem Knochen. »Morgen Abend fangen wir an.« – Vor Aufregung lag Tapi die ganze Nacht wach. Endlich war es so weit! Und auch Mogli konnte lange nicht einschlafen. Wann durfte er endlich mit zur Jagd gehen? Ach, es war schrecklich, immer der Kleinste zu sein!

Die Jagd geht los!
Mogli tröstete sich mit dem Gedanken, dass er – wie bei jeder Jagd – die Nacht in Balus Höhle verbringen durfte. Und mit der Vorfreude darauf war er bald fest eingeschlafen. Den ganzen nächsten Tag musste sich Tapi Belehrungen anhören. »Bleib immer beim Rudel und lauf nicht voraus!« mahnte ihn Vater Wolf. »Und sei stets leise. Mit lauten Geräuschen vertreibst du das Wild.« – »Ja, ja, Papa«, antwortete Tapi. Ihm schwirrte der Kopf, und ständig musste er an den fetten Sambarhirsch denken, den er heute erlegen wollte. Endlich war es so weit. Die Sonne ging bereits unter, als sich die Wolfsfamilie in das Rudel einreihte. Unter der Führung des alten Akela schlichen dreißig graue Wölfe auf leisen Pfoten durch den Dschungel. »Halt die Nase auf dem Boden, damit du Spuren witterst«, flüsterte Mutter Wolf ihrem Jüngsten zu. Tapi schnüffelte. Aber so sehr er sich auch Mühe gab, er roch nur die Pfoten der übrigen Wölfe.

Tapi, der Jäger

Das Wolfsrudel ahnte nicht, dass ihnen jemand dicht auf den Fersen folgte. Es war Baghira, der unbedingt bei Tapis erster Jagd zusehen wollte. Leise, damit sie ihn nicht entdeckten, schlich der schwarze Panther hinter den Wölfen her. Es ist nämlich ein Dschungelgesetz, dass niemand die Jagd anderer Tiere stören darf. – Als Akela die weite Ebene vor dem Waigungafluss erreicht hatte, machte das Rudel Halt. Mit seinen scharfen Augen spähte der Anführer nach rechts und nach links. »Ganz in der Nähe muss ein Hirsch grasen«, flüsterte er Vater Wolf zu. Tapi spitzte die Ohren. Was war das? Er hörte ein leises Rascheln. Und dann sah er hinter den Büschen einen rötlichen Schimmer – tatsächlich! Ein riesiger Sambarhirsch graste da friedlich auf den Flusswiesen. Tapi war nicht mehr zu bremsen. Mit einem Begeisterungsschrei stürzte er los. »Ich krieg ihn! Ich krieg ihn!« heulte er und hetzte hinunter zum Waigungafluss.

Schelte für Tapi

Ihr könnt euch denken, was geschah. Tapi hatte mit seinem lauten Geheul den Hirsch auf das anschleichende Wolfsrudel aufmerksam gemacht. Erschrocken war das große Tier davongesprungen, hatte sich in die Fluten des Waigungaflusses gestürzt und ein Stück weit mittreiben lassen. Verdutzt sah Tapi dem Hirsch nach. »Du dummer kleiner Wolfsjunge«, schimpfte Akela, »mit deinem lauten Geheul hast du uns die Beute vertrieben. Jetzt sind die übrigen Hirsche gewarnt. Für heute ist die Jagd vorbei.« Das Rudel machte kehrt. Wie ein begossener Pudel schlich Tapi hinter Vater und Mutter Wolf her. »Hab ich dir nicht tausendmal gesagt, dass man sich auf leisen Pfoten annähert? Und dass du auf Akelas Zeichen warten musst?« tadelte Vater Wolf den armen Tapi, der immer bedrückter wurde. Seinetwegen mussten sie heute alle hungern! Tapi liefen die Tränen über die Schnauze. »Na, na, na«, tröstete ihn Mutter Wolf, »morgen ist ja auch noch ein Tag.«

Baghiras großer Festschmaus

Doch ratet, was die Wölfe fanden, als sie bei der Wolfshöhle angelangt waren? Da saß doch tatsächlich Baghira grinsend vor dem erlegten Hirsch! »Liebe Wölfe, ich habe ganz zufällig eure misslungene Jagd beobachtet«, erklärte er nicht ganz wahrheitsgemäß. »Und als der Hirsch davonschwamm, bin ich eilends zur Furt gerannt und habe ihn dort erwartet.« Stolz sah Baghira den alten Akela an. »Ich weiß, es ist eigentlich nicht üblich«, meinte er, »dass ein Panther das Wolfsrudel zum Essen einlädt. Aber sollten wir nicht heute mal eine Ausnahme machen?« Akela, dem schon das Wasser im Mund zusammenlief, nickte zustimmend. Das war das Zeichen für die Wölfe, und hungrig stürzte sich das ganze Rudel auf den toten Hirsch. Auch Tapi hatte bald allen Kummer vergessen. Satt und zufrieden schlief er ein und träumte davon, ein großer Hirschjäger zu werden.

Die beiden Schulschwänzer

Balu war für den Unterricht bereit und erwartete seine Schüler. Doch wie erstaunt war er, als nur zwei seiner vier Schüler auftauchten. »Wo sind denn Mogli und Tapu?« fragte er. Betretenes Schweigen folgte. »Wir dürfen nichts sagen, weil Petzen gemein ist«, erklärte Tapi schließlich. »Na, die Strolche können etwas erleben!« meinte Balu. »Ihr beide bleibt hier und wiederholt die Lektion von gestern!« Grimmig stapfte er davon, um die beiden Schulschwänzer zu suchen. – Unterdessen vergnügten sich Mogli und Tapu am See. Sie hatten heute keine Lust auf die Schule. Natürlich war es gut, dass Baghira auf der Jagd war und sein morgendliches Schwimmen ausfallen ließ, und auch Hathi nicht wie sonst prustend am Ufer stand. Die beiden hätten nämlich die Schulschwänzer sofort zu Balus Höhle zurückgeschickt.

Ein schöner Morgen für Lehrer Balu

Auch kleine Dschungeltiere müssen zur Schule gehen, damit sie die Gesetze des Urwalds erlernen. Und gab es einen besseren und geduldigeren Lehrer als Balu? Er besaß zwar nicht das überragende Gedächtnis von Hathi, dem Elefanten, doch wusste er viel über die Gefahren des Dschungels. Außerdem schimpfte er nur selten, und daher machte der Unterricht bei ihm meistens Spaß. Wie stets hing auch an diesem Morgen Mang, die Fledermaus, kopfunter neben dem Eingang der Bärenhöhle, als Balu frohgemut den schönen Tag begrüßte. Heute sollten Mogli und die kleinen Wölfe lernen, wie man Honigwaben aus Astlöchern holt, ohne von den Bienen gestochen zu werden. Wenn Balu an den Schmaus nach dieser Lektion dachte, lief ihm das Wasser im Mund zusammen! »Guten Morgen, liebe Mang, was für ein herrlicher Tag!« sagte er heiter. Schlaftrunken murmelte Mang einen Gruß, denn sie war müde nach ihrer nächtlichen Jagd.

Balus Strafe

Aber was war das? War da nicht plötzlich ein lautes und wütendes Brummen zu hören? Mogli und Tapu fuhren hoch und sahen sich um. Und da kam Balu auch schon durchs raschelnde Unterholz gestürmt.
»Zum Donnerwetter!« hörten sie ihn schimpfen. »Ihr Lausebengel! Kommt sofort zur Schule, oder es setzt etwas mit meiner Tatze!« Drohend hob der mächtige Balu seine riesige Pranke. Hui, wie die beiden Kinder da schnell zur Höhle rannten! – Und dann hielt Balu eine richtig strenge Unterrichtsstunde. Immer wieder mussten Mogli und Tapu alle Dschungelgesetze aufsagen, die sie gelernt hatten. Und als Strafarbeit verdonnerte Balu sie dazu, Honig zu suchen und jeden einzelnen Honigtropfen bei ihm abzuliefern. Als die beiden schließlich aus dem Unterricht entlassen wurden, waren sie so müde, dass sie gleich nach dem Mittagessen einschliefen. Balu aber hatte wieder einmal einen verdorbenen Magen.

Spiele am See

Aber es war ganz still am See. Nur Kaa schlängelte leise durchs Wasser, und in den Bäumen saßen ein paar schnatternde Affen, denen es völlig gleichgültig war, wenn die Kinder nicht zur Schule gingen. Glücklich ließ sich Tapu am Ufer nieder und schloss erst einmal die Augen. Schlafen war nämlich seine Lieblingsbeschäftigung. Mogli aber flocht währenddessen mit seinen geschickten Menschenhänden ein Netz aus dünnen Lianen, um damit Fische zu fangen. Später plantschten und tobten die beiden dann fröhlich im Wasser. Sie bauten Sandburgen und legten sogar einen kleinen Teich an für die Fische, die Mogli mit seinem Netz aus dem See holte. Begeistert beobachteten sie die Tiere, die mit ihren flinken Flossen durchs Wasser flitzten. »Die Fische fühlen sich richtig wohl in unserm kleinen Teich«, stellte Mogli befriedigt fest.

Kaa und die Affen

Wenn irgendwo im Dschungel Bananen flogen und Nüsse prasselten, dann waren sicher die Affen in der Nähe. Das war ein wilder und übermütiger Haufen! Balu schüttelte nur den Kopf, wenn Tschi-Tschi mit ihrer Horde vorbeitobte. »Diese Affen«, sagte er dann, »sie sind nicht zu bändigen! Aber am schlimmsten unter ihnen ist mit Abstand Tschi-Tschi, die Affenkönigin.« Erinnert ihr euch an die herrlichen Federn, die die Affen dem armen Schawi geraubt hatten? Lange hatte Tschi-Tschis schönes, schillerndes Federkleid nicht gehalten, denn beim Klettern in den Bäumen hatte sie es bald zerrupft. Es gab nur ein Tier, vor dem die Affen wirklich Respekt hatten, und das war Kaa. Denn wenn die Riesenschlange großen Appetit hatte, konnte sie auf einen Satz einen ganzen Affen verschlingen. Und deshalb lautete die einzige Regel, die Affenmütter ihren Kindern je beibringen konnten: »Macht einen weiten Bogen um Kaa, die Riesenschlange!«

Kaa hält ein Nickerchen

Auch Biffi, dem kleinen Affenmädchen, war diese Regel hundertmal eingebläut worden. Doch Biffi war ein sorgloses kleines Äffchen, das Ermahnungen langweilig fand und sie meist gleich wieder vergaß. Es gab doch soviel Interessanteres zu sehen und zu tun! – Eines Tages nun lagerte Kaa matt auf den sonnenwarmen Steinen am Bachufer. Wohlig streckte sie ihren langen, glitzernden Leib, ließ ihre spitze, gespaltene Zunge aufblitzen und gähnte. Es war herrlich, in dieser Mittagshitze ein wenig zu dösen, vor allem, wenn man gerade ein paar köstliche Frösche verspeist hatte. Kaa lächelte genüsslich, rollte sich zusammen und war sofort eingeschlafen. Doch kurze Zeit später wurde sie brutal geweckt.

»Aua!« schrie sie, als etwas Schweres ihren schillernden Leib traf. Ein ganzer Hagel von Kokosnüssen prasselte auf sie nieder! »Au!« schrie Kaa wieder. »Sofort aufhören!« Aber da traf sie schon wieder ein neues Geschoss.

Kaa schwört Rache

In der Kokospalme saß Biffi, das freche Affenmädchen. Sie kicherte, kreischte vor Vergnügen und pfefferte erbarmungslos weitere Kokosnüsse auf die zusammengerollte Schlange, die sich hin und her wand, um den Geschossen auszuweichen. Endlich hörte das übermütige Äffchen auf und kletterte unter lautstarkem Schnattern bis in den höchsten Wipfel des Baums. Kaa ließ sich stöhnend und jammernd in das plätschernde Wasser des Baches gleiten, um ihre blauen Flecken zu kühlen. Dann hielt sie nach dem Missetäter Ausschau. Als sie Biffi in Windeseile davonturnen sah, stieß sie eine schreckliche Drohung aus: »Wer Kaa mit Nüsssssen bewirft, ssoll sseines Lebens nicht mehr froh werden. Die Rache ist mein! Die Rache ist ssüß!« Und bei diesen Worten ließ Kaa ihre gespaltene Zunge blitzen, dass einem angst und bange werden konnte. Das kleine Affenmädchen ahnte nicht, was es angerichtet hatte.

Jagd auf Biffi

Und dann begann die gnadenloseste Treibjagd, die der Dschungel je erlebt hatte. Wo immer Biffi auch auftauchte, wurde sie bereits von Kaa erwartet. Kreischend flohen die Affen, sobald der Körper der Riesenschlange im Gras glitzerte, und verängstigt schwang sich Biffi von Baum zu Baum. Immer höher floh Biffi, doch es gab kein Entrinnen, denn Kaa konnte ebenfalls auf Bäume klettern. Und eines Tages geschah es: Biffi blickte Kaa geradewegs ins Gesicht. Nun müsst ihr wissen, dass von Kaas Augen Zauberkraft ausging. Ein Tier, das ihr direkt in die Augen blickte, war verloren, denn es hatte keinen eigenen Willen mehr. Wie festgenagelt saß Biffi auf dem Ast und starrte in Kaas magische Augen. Kaa aber zischte: »Komm näher, Biffi! Komm näher zu Kaa, der großen Urwaldschlange!« Biffi gehorchte wie im Traum. Und es fehlte nicht viel, da hätte Kaa sie mit ihrem starken Leib erdrückt.

Biffis Rettung

Doch zum Glück hatten die anderen Urwaldtiere von Kaas Jagd auf das kleine Äffchen Wind bekommen. Als Tschil, der Geier, von oben sah, dass Biffi in Kaas Gewalt war, alarmierte er sofort Balu und Mogli. So schnell sie konnten, rannten die Freunde zum Baum, und Mogli, der inzwischen flink wie ein Wiesel klettern konnte, stieg hinauf. Mit aller Kraft zwickte er Biffi in den Schwanz, damit sie aus ihrer Starre erwachte, und gleichzeitig ging Tschil im Sturzflug auf die Riesenschlange los, um sie abzulenken. Als Mogli spürte, dass Kaas Zauberkraft gebrochen war, packte er das Äffchen an der Hand und rief: »Schnell, komm mit mir, Biffi! Tschil wird Kaa so lange in Schach halten!«
Und mit dem verängstigten Affenmädchen kletterte er vom Baum auf den Boden, wo Balu sie beschützen konnte. »Wir werden dich in der Wolfshöhle verstecken«, beschloss Mogli, und so geschah es auch.

35

Ein Stachelschwein ist schlecht gelaunt
Missmutig tapste Ikki, das Stachelschwein, durch den Urwald. Obwohl es ein strahlender Tag war, hatte es schlechte Laune, denn alles ging heute schief. Zuerst hatten ihm die bösartigen Affen die Nussvorräte stibitzt, die es in tagelanger Arbeit gesammelt hatte, und beim Nagen an der Rinde eines Mangobaums war ihm auch noch ein Zahn abgebrochen. Mit hängenden Stacheln schlich das Stachelschwein durch den Dschungel. Es war wirklich ein Bild des Jammers.
»Mein Leben ist schon sehr schwer«, seufzte es und schüttelte sein Borstenkleid. »Alle anderen Tiere haben es viel, viel leichter. Zum Beispiel Balu. Er greift einfach in ein Astloch und hat Honig in Hülle und Fülle. Oder Baghira. Der ist kräftig, mutig und kann auch noch klettern. Nur ich bin so schwach und klein.« Und jammernd ließ es sich im Schatten eines Baumes nieder.

Klettern können – ach, wär das schön!
Wie geheimnisvoll der Wind in den Baumkronen rauschte! Ikki sah versonnen hinauf ins Laubdach, durch das die grelle Sonne des Dschungels blitzte. Bienen, Mücken und Schmetterlinge tanzten in den Blättern.
»Ach, wenn ich nur klettern könnte!« seufzte Ikki. »Ja, auch ich möchte einmal die Welt von oben sehen! Vielleicht wird mir dann etwas leichter ums Herz.« Und kurz entschlossen machte es sich auf zu Balu.
»Lieber Balu«, sagte sie zu dem Bären, der gemütlich vor seiner Höhle lagerte, »ich habe beschlossen, das Klettern zu lernen. Kannst du mir dabei helfen?«
Zweifelnd blickte Balu die kleine, stämmige und stachelige Gestalt an. »Du willst klettern?« fragte er. »Du hast aber ziemlich kurze Beine dafür. Und meinst du nicht, dass dir dabei deine Stacheln im Weg sind?«
»Ach, bitte«, flehte Ikki, »ich würde so gerne die Welt von oben betrachten.«

Ikki übt das Klettern
Der gutmütige Balu ließ sich nicht lange bitten, und gefolgt von dem aufgeregt tappelnden Ikki trottete er zu einem Baum. »Nicht zu hoch und nicht zu schwierig«, meinte er zufrieden. »Dann fang mal an, Ikki.«
Und mühsam setzte Ikki ein Pfötchen auf den ersten Ast, der nur ein paar Zentimeter über dem Boden hing.
»Uff«, stöhnte es, »das ist gar nicht so einfach.« Doch ehe das Stachelschwein die drei übrigen Pfötchen nachziehen konnte, war es schon auf den Rücken gepurzelt. »Aua«, sagte es. Aber tapfer rappelte es sich auf, um es ein zweites Mal zu versuchen. So sehr sich das Stachelschwein auch bemühte, es fiel immer wieder auf seinen stachligen Rücken. Und als es das vierte Mal kläglich gescheitert war, hörte man aus den umliegenden Sträuchern ein lautes, vielstimmiges Gelächter: Mogli, Baghira und die kleinen Wölfe lachten herzlich über das tollpatschige Ikki.

Ikki auf dem Baum
Ikki rollten Tränen über seine stacheligen Wangen. Nie würde es die Welt von oben sehen – und blamiert hatte es sich auch noch! Mogli aber, der anfangs kräftig mitgelacht hatte, bekam Mitleid mit dem täppischen kleinen Stachelschwein. »Setz Ikki doch einfach auf den Baum«, meinte er zu Balu, »damit es wenigstens weiß, wie es dort oben aussieht.« Gesagt, getan. Der große Bär richtete sich zu voller Höhe auf, nahm das kleine Ikki auf seine riesige Tatze und stemmte es hoch.
In schwindelnder Höhe setzte Balu das Stachelschwein in eine Astgabel. Doch Ikki konnte den Anblick der Welt von oben gar nicht genießen. »Huh! Hilfe!« schrie es. »Mir ist so schwindlig! Ich falle! Bitte, Balu, hol mich wieder runter!«
»Ich habe es ja gleich gewusst«, meinte Balu und holte Ikki wieder auf den sicheren Erdboden. »Bäume sind eben nichts für Stachelschweine.« Ikki war sehr froh, dass es wieder festen Grund unter den Füßen hatte, und konnte ihm nur zustimmen.

37

Biffi in der Wolfshöhle

Seit das Affenmädchen Biffi die Riesenschlange geärgert hatte, lebte es in der Wolfshöhle, denn Kaa sann wegen der blauen Flecken noch immer auf Rache. Doch was musste die Familie Wolf nicht alles ertragen, seit das Äffchen bei ihnen lebte! Den ganzen Tag und die halbe Nacht turnte Biffi kreischend durch die Höhle. Respektlos sprang sie auf Vater Wolfs Rücken, um auf ihm zu reiten, und zog ihn am Schwanz, bis er sie böse anknurrte. Mit einer Rinderkeule spielte sie Fußball, und wie beim Bockspringen hopste sie über den nichts ahnenden Tapi, dass dieser sich vor Schreck an seinem Abendessen verschluckte. Als einmal der alte Akela zu Besuch war, trieb sie es besonders schlimm. »Das war der Gipfel der Frechheit«, sagte Mutter Wolf erbost zu Mogli. »Auch wenn Kaa noch so böse ist, bei uns kann das Affenkind nicht länger bleiben. Morgen bringst du es zurück zu den Affen.«

Biffi verlässt die Wölfe

Mogli war das Herz schwer, als er sich am Abend auf seinen Strohhaufen zum Schlafen hinlegte. Die arme Biffi! Auch wenn sie frech und laut und wild war, sie war doch auch noch so klein und so dumm! Wie sollte sich das Äffchen allein vor Kaa, der rachsüchtigen Schlange, schützen? Leise schlich er dorthin, wo Biffi friedlich wie ein Baby schlummerte. »Ich werde dich nicht im Stich lassen«, murmelte Mogli, »morgen frage ich Baghira, was wir tun können. Der weiß immer einen Rat.« Kaum dämmerte der Morgen, da sprang Biffi schon wieder kreischend durch die Höhle. Frech zupfte sie den friedlich schnarchenden Vater Wolf an seinen Schnurrbarthaaren, dass er vor Schreck aufjaulte. »Wir haben genug von dir, Biffi«, sagte Mutter Wolf zornig. »Ab jetzt musst du selbst sehen, wie du Kaa entkommst.« Und damit setzte sie das Äffchen vor die Höhle.

Baghira hat eine Idee

Und da saß Biffi nun. Zitternd starrte sie in die aufgehende Sonne und zuckte bei jedem Rascheln zusammen – vielleicht war Kaa ganz in der Nähe! Doch was war das? Eine kleine Menschenhand schob sich verstohlen in ihr Affenpfötchen. »Komm, Biffi«, sagte Mogli neben ihr, »wir fragen Baghira, was wir tun sollen.« Hand in Hand ging er mit dem Äffchen zum Bach, wo Baghira gerade wohlgemut aus einem Schlummer erwachte. »Uuuäh!« gähnte der Panther wohlig. »Guten Morgen, Freunde! Was gibts denn so früh am Tag?« – »Baghira«, antwortete Mogli, »Mutter Wolf hat Biffi aus der Höhle geworfen, aber Kaa sinnt immer noch auf Rache. Wo soll sie nur hin?« Baghira dachte lange nach. Auf einmal richtete er sich auf und lachte. »Ich habs«, sagte er, »was ist wohl der sicherste Ort im ganzen Dschungel? Na? – Der Rücken von Hathi natürlich!«

Auf der Suche nach Hathi

Mogli sah den schwarzen Panther verblüfft an. Darauf wäre er nie gekommen! Aber natürlich war es eine ausgezeichnete Idee, denn Hathi, der alte Elefant, war so hoch und so stark, dass nicht einmal eine Riesenschlange an ihn herankam. »Spring auf den Rücken von Baghira, Biffi!« rief Mogli. »Wir müssen so schnell wie möglich Hathi finden!« Aber das war nicht schwer. Schon von weitem hörte man die lauten Trompetenstöße des alten Elefanten, der wieder einmal seine große Herde durch den Dschungel führte. Es knackte gewaltig, da die Elefanten Sträucher und kleine Bäume, die ihnen im Weg waren, einfach niedertraten.
»Halt!« trompetete Hathi mit tiefer Stimme, als er Baghira, Mogli und Biffi erkannte. »Was ist los so früh am Morgen, meine Freunde?« Mogli sprang von Baghiras Rücken und bedeutete Hathi, dass er ihn mit dem Rüssel zu sich emporheben solle.

Auf Hathis Rücken

In schwindelnder Höhe saß Mogli auf Hathis faltigem, grauen Rücken und sprach direkt in die großen Ohren hinein. »Ehrwürdiger Hathi«, sagte er, »das Affenmädchen Biffi ist in großer Gefahr. Wie du sicher weißt, wird sie immer noch von Kaa verfolgt. Wir wollen dich nun bitten, ob du Biffi nicht für eine Zeitlang auf deinem Rücken Unterkunft gewähren könntest? Dort wäre sie sicher.« Hathi wiegte den Rüssel ein wenig zweifelnd hin und her. »Dieses wilde Affenkind soll ich auf meinem Rücken herumhopsen lassen?« meinte er zögernd. Doch dann siegte seine Gutmütigkeit. »Na, gut«, meinte er schließlich. »Aber wehe, wenn Biffi sich auf meinem Rücken unartig aufführt.« Wie der Blitz kletterte Biffi über Hathis Rüssel nach oben. »Juchu!« rief sie. Und so kam es, dass Biffi Hathis Schutz genoss. Aber immer, wenn sie ihm zu frech wurde, nahm Hathi eine gewaltige Portion Wasser in seinen Rüssel und spritzte das wasserscheue Äffchen an.

Schawi sucht ein Pfauenweibchen
Jedes Frühjahr versammeln sich die Pfauen auf der Dschungellichtung und veranstalten ein großes Wettsingen. Das nennt man die Balz. Und je schöner der Gesang und das Federkleid eines Pfaus sind, desto eher findet er ein Weibchen. – Schon lange sehnte sich Schawi nach einer Frau, denn er wollte nicht mehr allein durch den Dschungel ziehen. Doch wie sollte er mit seinem gerupften Federkleid ein Pfauenweibchen erobern? Noch immer fehlten ihm nämlich zwanzig Augen in seinem blau schillernden Rad! Jeden Morgen hüpfte der arme Schawi zur Wasserpfütze, um nachzusehen, ob über Nacht ein paar Federn in seinem prächtigen Schwanz nachgewachsen waren. Doch so sehr er sich auch drehte und wendete, das schändliche Loch war nicht zu übersehen. »Das vergesse ich dir nie, Tschi-Tschi«, murmelte Schawi und kehrte traurig zu seinem Nest zurück.

Mogli tröstet Schawi
Klagend zog Schawi durch den Urwald. »In diesem gerupften Zustand nimmt mich nicht einmal eine alte Henne zum Mann«, jammerte er. Dann spreizte er seine Federn, so weit er konnte. Vielleicht fiel das Loch weniger auf, wenn er sein Rad blitzschnell auf- und zuschlug? Ach, dachte er dann, was für ein schöner Kerl bin ich früher gewesen, und wie sehe ich heute aus! Kläglich kauerte er sich in ein Erdloch am Rand des Pfades, und so fand ihn Mogli, der gerade unterwegs war, um Baghira zu besuchen.
»Was ist denn los, Schawi?« fragte er seinen gefiederten Freund. »Ach«, sagte Schawi, »morgen ist unser Wettsingen! Die Weibchen hören zu und wählen einen Mann. Aber wer will schon so ein elend gerupftes Federvieh wie mich?« fragte er traurig.
»Aber Schawi!« sagte Mogli. »Du singst doch so schön! Hab nur Mut! Mit deiner Stimme findest du sicher eine Frau.«

Schawi übt für den Sängerwettstreit
Lange sprach Mogli auf Schawi ein, um ihm Mut zu machen. Und schließlich versprach der Pfau, dass er trotz seiner fehlenden Federn morgen zur großen Lichtung hüpfen würde. »Bitte, lass mich nun allein«, sagte er dann zu Mogli, »ich muss noch ein wenig üben.«
Und glucksend und schnalzend, gurrend und jubelnd zog Schawi durch den Dschungel. Immer wieder übte er die Melodien, die er morgen beim großen Sängerwettstreit vortragen würde, und das klang ungefähr so: »Kkh - u - kukuru.« Für Pfauenohren war das wohl wunderschön anzuhören, aber nicht für die anderen Tiere des Dschungels. Balu, der Bär, hielt sich die Ohren zu. Baghira verkroch sich winselnd in einer dunklen Höhle, und die Affen turnten kreischend davon. Schawi aber, dem sein eigener Gesang sehr gefiel, plusterte sich immer mehr auf. Vielleicht würde er morgen doch ein Weibchen bekommen?

Das Wettsingen
War das ein herrliches Bild, als am folgenden Morgen alle Pfauenmännchen auf der großen Lichtung standen und ihre Räder schlugen! Und wie sie sangen und gluckten und gurrten und schnalzten! Durch den ganzen Urwald schallte ihr Gesang. Die Pfauenweibchen warteten gelassen im Schatten eines Baumes und hörten aufmerksam zu. Unser Schawi legte seine ganze Kraft in die Stimme, um den Makel seines beschädigten Federkleids auszugleichen. Anfangs klang sein Singen noch ein wenig belegt, doch dann erhob sich sein »Kkh - u - kukuru« immer strahlender und reiner über den Gesang der übrigen Pfauen. Und bald gab es keinen Zweifel mehr: Schawi, dessen Stimme reiner war als ein indischer Bergkristall, war der Gewinner! Und zum Lohn hüpfte ein kleines, braungesprenkeltes Pfauenweibchen auf ihn zu und gurrte. Ob es in diesem Augenblick im indischen Dschungel ein glücklicheres Tier gab als Schawi, den Pfau?

Shir Khan ist wieder unterwegs

Eines Tages ging die Kunde um, dass Shir Khan von seinem Jagdausflug am oberen Flusslauf zurückgekehrt sei. »Er hat es wieder einmal auf Mogli abgesehen«, berichtete Tschil, der fliegende Bote des Urwalds. »Ich habe ganz deutlich gehört, wie er gebrüllt hat: ›Diesmal, Mogli, wirst du mir nicht mehr entwischen!‹«, erzählte er weiter und flatterte aufgeregt mit den Flügeln. Die Wölfe, Balu und Baghira waren entsetzt. »Was sollen wir nur tun?« fragte Mutter Wolf schließlich mit angstvoller Stimme. »Shir Khan hat seine Niederlage gegen Mogli nicht vergessen, und seine Rache wird fürchterlich sein.« Die anderen Tiere schwiegen. »Ich werde heute um Mitternacht eine Versammlung einberufen«, sagte da endlich der alte Akela.

Versammlung der Wölfe

Mogli ahnte nichts von der Gefahr, in der er schwebte. Vergnügt tollte er mit Tapi, Tapo und Tapu in der Wolfshöhle herum. Zwar hatte Mutter Wolf ihm heute verboten, nach draußen zu gehen – aber was machte das schon! Es gab tausend Spiele, die man gemeinsam spielen konnte, vom Schnappen über Fangen bis zum Verstecken. Und so verging die Zeit bis zum Schlafengehen sehr schnell. Mitternacht war es, und der Mond stand groß und voll über dem Dschungel, als sich das Wolfsrudel leise auf dem Ratsplatz versammelte. Auch Balu und Baghira saßen mit ernster Miene in der Runde. Da ergriff der alte Akela das Wort. »Wölfe«, sagte er, »unser Rudelmitglied Mogli ist in großer Gefahr. Sicher habt auch ihr schon Shir Khans Brüllen gehört. Der alte Tiger ist wieder unterwegs und hat Mogli Rache geschworen. Wir müssen alle nachdenken, wie wir ihn besiegen können.«

Der Plan

Lange grübelten die Wölfe darüber nach, wie sie Shir Khan überlisten könnten. Bis ins Morgengrauen dauerte die Versammlung, als Baghira die rettende Idee kam. »Mogli wird allein auf der Lichtung spielen«, sagte er, »zumindest soll Shir Khan das glauben. In Wirklichkeit halten sich die Wölfe und ich in den umliegenden Büschen versteckt. Und auf ein Signal stürzen wir uns auf ihn.« Begeistert nickten die Wölfe zum Zeichen ihrer Zustimmung. Wie gut, dass es den schlauen Panther gab! Am folgenden Morgen wurde Mogli in Baghiras Plan eingeweiht. »Hab nur keine Angst«, sagte Baghira, »wenn du zur Lichtung kommst, ist das Wolfsrudel bereits dort. Es kann dir gar nichts geschehen.«

Alte Tiger sind schlechte Spurensucher
Ehe Mogli zur Lichtung ging, rüsteten sich die Wölfe, indem sie Krallen und Zähne schärften. Und dann zogen sie los. Sie schlichen stets einer hinter dem anderen und so leise, dass nicht einmal die Fledermaus Mang, die von allen Tieren des Dschungels die feinsten Ohren hatte, sie gehört hätte. Die Wölfe hatten eine List ersonnen: Jeder Wolf trat genau in die Fußstapfen seines Vordermanns, so dass es wie die Spur eines einzigen Tieres aussah. »Wie gut, dass Shir Khan nicht mehr gut riechen kann«, flüsterte Mutter Wolf ihrem Mann zu. »Sonst würde er wittern, dass hier vierzig Wölfe unterwegs waren.«
Hinter einem dichten Busch an der Lichtung wartete schon Baghira, und Balu hatte sich ein Stück entfernt auf die Lauer gelegt. Schweigend versteckten sich die Wölfe im Gebüsch. Gemeinsam erwarteten sie Mogli – und Shir Khan.

Shir Khan wird überwältigt
Trällernd trat Mogli kurze Zeit später auf die Lichtung, und es dauerte nicht lang, bis die Wölfe das gefährliche Knurren Shir Khans vernahmen. Und da stand der alte, gestreifte Tiger auch schon vor Mogli und strahlte vor Schadenfreude. »Ach, wen haben wir denn da?« schnurrte er mit falscher Freundlichkeit. »Der kleine Mogli, und so ganz allein. Mein Freund, heute entkommst du mir nicht!« Und damit sperrte er sein riesiges Maul so gefährlich weit auf, dass Mogli ganz mulmig wurde. »Jetzt!« zischte Baghira, und vierzig Wölfe sprangen mit gefletschten Zähnen aus dem Gebüsch. Heulend umringten sie Shir Khan, der entsetzt in achtzig zornglühende Augen starrte. »Verschwinde aus unserer Gegend, du feiger Tiger!« rief Akela mit lauter Stimme. »Sonst kannst du etwas erleben!« Da zog der gefährliche Tiger ganz schnell den Schwanz ein und rannte davon. Die Wölfe aber feierten ein großes Fest, weil sie Shir Khan vertrieben hatten.

Der Alltag eines Faultiers

Puff war wirklich das faulste Tier im ganzen indischen Urwald. Tag und Nacht hing es schnarchend an einem Ast und rupfte nur ab und zu eine Hand voll Blätter vom Baum, die es gähnend verspeiste. Kam jemand des Weges, so gab es vor, angestrengt nachzudenken. Doch niemand erfuhr jemals, worüber Puff eigentlich den ganzen Tag nachsann. Die meisten Tiere vermuteten, dass Puff mindestens drei Stunden lang überlegte, ob es nun seinen Arm nach Futter ausstrecken sollte oder lieber doch nicht. Auch so kann man seine Tage ausfüllen – und Puff war, obwohl es sich kaum von der Stelle rührte, eigentlich nie langweilig. Oder vielleicht doch? Eines Tages geriet Puff, das Faultier, nämlich unerwartet in Bewegung. Warum oder wieso das geschah, hätte niemand zu sagen gewusst. Selbst Puff wahrscheinlich nicht.

Puff, das faule Faultier

»Was ist denn das, Balu?« fragte Mogli eines Tages den Bären auf einem Spaziergang durch den Dschungel. »An dem Baum dort drüben ist ein Ast, der sich ab und zu bewegt und Blätter abzupft. Schau nur«, meinte er verwundert. Balu spähte in den mächtigen Affenbrotbaum. »Aber das ist doch Puff, das Faultier«, meinte er dann, »hast du es denn noch nicht kennen gelernt? Komm mit!« Damit marschierte er schnurstracks auf das seltsame Tier zu.
»Hallo, Puff!« rief er. »Darf ich dir Mogli vorstellen? Er ist das Menschenjunge, das bei den Wölfen lebt.« Aber Puff, das so braun war wie die Äste des Baums, regte sich kaum. »Angenehm, angenehm«, murmelte es nur. Dann gähnte es ausgiebig und sagte: »Leider keine Zeit, muss nachdenken, nachdenken.« – »Dann auf ein andermal, Puff«, sagte Mogli etwas verwundert und ging mit Balu weiter.

Puff wird munter

Nun, eines strahlenden Tages ließ sich das faulste Tier des Dschungels einfach auf den Boden fallen, als täte es das jeden Morgen. Und dann marschierte Puff vorwärts – Schritt um Schritt setzte es die braunen Pfoten, ganz bedächtig zwar, aber dennoch zügig. »Was ist denn in Puff gefahren?« fragte Baghira, dem vor Staunen der Mund offen stand. »Vielleicht möchte es einmal probieren, wie das Dschungelgras schmeckt«, meinte Kaa, die gerade einen neuen Schlangentanz einübte. »Wenn das mal gut geht«, brummelte Balu und sah dem Faultier nach, das schwerfällig vorübertappte. Natürlich ging es nicht gut. Denn Puff, das Tag für Tag in seiner gemütlichen Baumwelt vor sich hin baumelte, ahnte nichts von den Gefahren des Dschungels. Und die größte unter ihnen war wieder einmal unterwegs – Shir Khan.

Gefahr für Puff

Plötzlich sah sich Puff zwei grün funkelnden Katzenaugen gegenüber, und eine knurrende Stimme fragte: »Was ist denn das für ein nettes kleines Tierchen?« Und dann öffnete sich vor Puff ein riesenhafter Schlund, in dem messerscharfe Zähne zu sehen waren. Puff stand einen Augenblick wie erstarrt da. Und dann geschah etwas, das der Dschungel noch niemals gesehen hatte: Puff rannte! Schnell wie ein Wiesel sauste es durchs Unterholz zu seinem Baum und kletterte, so schnell es konnte, hinauf zu seinem heimatlichen Ast. Dort hängte es sich so regungslos wie immer auf und spähte nach unten, wo der Tiger verblüfft hin und her lief. Seine Beute hatte sich scheinbar in Luft aufgelöst! Erst nach längerer Zeit zog der alte Tiger murrend ab. »Dieses Abenteuer hat bewiesen, wie gefährlich Sport sein kann«, murmelte Puff, bevor es in den tiefen und gesegneten Schlaf der Faultiere fiel.

Tschils Warnung
Mit weiten Schwingen schwebte Tschil, der Geier, über dem Versammlungsplatz der Wölfe. »Ihr Wölfe!« kreischte er und hob aufgeregt den gebogenen Schnabel. »Der große Urwaldregen kommt immer näher! Im Süden steht bereits das ganze Land unter Wasser. Zieht in die Berge, so schnell ihr könnt!« Und schon flog er weiter, um auch die anderen Tiere des Dschungels vor der drohenden Gefahr zu warnen. Schweigend wartete das Wolfsrudel, bis Akela, der alte, graue Anführer, das Wort ergriff. »In drei Stunden werden wir gemeinsam aufbrechen und oben in den Bergen Unterschlupf suchen«, erklärte er schließlich nach längerer Überlegung. »Holt die Kinder und die Alten herbei und beeilt euch.« Das Wolfsrudel stob auseinander, um sich noch einmal richtig voll zu fressen. »Wer weiß, ob wir in den Bergen genug Futter finden«, meinte Mutter Wolf sorgenvoll.

Mogli verabschiedet sich von Balu
Balu schichtete gerade Holz vor seine Höhle, als Mogli um die Ecke bog. »Balu!« rief er atemlos. »Wir ziehen in die Berge, weil der große Regen kommt!« - »So, so«, brummte Balu, »ich habe beschlossen, hier zu bleiben.« Mit der Tatze deutete er auf seine Holzmauer. »Ich baue eine Barrikade«, erklärte er stolz, »damit das Wasser nicht in meine Höhle dringt. Und ich habe genug Vorräte für einen ganzen Monat gesammelt. Ja, so ein alter Dschungelbär, der sorgt vor!« Zufrieden klopfte er auf seinen dicken Bauch, der Mogli heute allerdings ein wenig dünner vorkam als sonst. »Das hab ich mir vom Mund abgespart«, erzählte Balu, »damit ich in der großen Regenzeit etwas zu essen habe.« Da wurde Mogli schwer ums Herz. Wie lange würde er Balu nicht sehen? Doch dann meinte der Bär verschmitzt: »Ich würde doch zu gerne wissen, wie der Honig aus den Bergen schmeckt. Könntest du mir welchen mitbringen?« - »Ja!« versprach Mogli freudig.

Wo ist Tapu?

Als Mogli zur Wolfshöhle zurückkehrte, ballten sich bereits dicke, schwarze Wolken am Himmel über dem Dschungel. »Da bist du ja endlich«, knurrte Mutter Wolf, »es wird auch höchste Zeit! Aber wo ist Tapu?« Unruhig schnupperte sie den Boden vor der Wolfshöhle ab, um Tapus Spur zu wittern. Ja, wo war Tapu? »Dieser Schlingel, wenn ich den zwischen meine Lefzen kriege«, knurrte Vater Wolf böse. »Was sollen wir nur machen?« fragte Mutter Wolf bekümmert. »Wir müssen mit dem Rudel aufbrechen und können nicht warten.« – »Ich suche ihn«, erklärte Mogli da, »macht euch keine Sorgen!« Und ehe Mutter Wolf ihn aufhalten konnte, war er schon im Dickicht der Bäume verschwunden. Schweren Herzens folgten Mutter und Vater Wolf mit den beiden Kleinen dem Rudel zum Fuß des Gebirges. – Mogli stand allein am Bach. Wo sollte er mit der Suche nach Tapu beginnen?

Kaa hilft Mogli

Plötzlich hörte Mogli neben sich ein leises Rascheln. Er drehte sich um, und in der Finsternis blitzte es silbergrün. »Was ssssehe ich da?« zischte Kaa und schüttelte den Kopf. »Ssseit Tagen riecht die Erde nach Regen, und Mogli, dieser leichtsssinnige Junge, treibt sich immer noch hier herum? Passs auf, bald steht dir das Wasssser bisss zum Hals!« – »Ach, Kaa, ich bin so froh, dich zu sehen!« sagte Mogli erleichtert, denn nun war er in der Dunkelheit nicht mehr allein. »Tapu ist verschwunden. Bitte hilf mir doch, ihn zu suchen!« Eitel wand sich die starke Riesenschlange einmal um sich selbst. »Na, gut, weil du es bist«, sagte sie dann gönnerhaft. »Steig auf meinen Rücken, Mogli, dann gleiten wir blitzschnell dahin. Wir werden Tapu schon finden, so wahr ich Kaa bin, die größte Schlange des indischen Urwalds.« Und während der Regen immer stärker wurde, glitt Kaa mit Mogli durchs nasse Gras.

Tapus Rettung

»Tapu!« rief Mogli immer wieder. »Tapu, wo bist du?« Doch es kam keine Antwort. Plötzlich vernahm Mogli ein leises Wimmern. »Das kommt vom See!« rief er, und da schoss Kaa bereits den glitschigen Abhang hinunter. Das Wimmern wurde lauter, und dann sahen sie, dass Tapu mit der Vorderpfote in einer Falle steckte. »Tapu! Halt durch, wir helfen dir«, rief Mogli, und vorsichtig befreite er die Pfote seines Wolfsbruders. Zum Glück war der kleine Wolf unverletzt. Dankbar leckte Tapu Moglis Gesicht ab, während Kaa sich ungeduldig wand. »Na, steigt schon auf, ihr beiden!« sagte sie schließlich. »Ich kann euch noch durch die Wasserfluten tragen.«

In den Bergen

Mogli und Tapu holten die anderen Wölfe ein, noch ehe diese den Fuß des Gebirges erreicht hatten. Viele Wochen lang dauerte die große Regenzeit, und unablässig prasselten dicke, schwere Tropfen über den Dschungel nieder. Der Fluss trat über die Ufer, der See breitete sich weit aus, und der Bach wurde zum reißenden Strom. Sorgenvoll blickte Mogli aus der Felsenhöhle, in die sich die Wolfsfamilie geflüchtet hatte, auf das grüne Dickicht hinab, in dem jetzt hoch das Wasser stand. »Der arme Balu!« dachte er. »Und wie mag es wohl Baghira gehen? Und Kaa und Schawi und den Affen?« Ständig musste er an seine Freunde denken, die im Dschungel zurückgeblieben waren. Das Leben im Gebirge war Mogli und seinen Wolfsbrüdern bald langweilig geworden. Nachdem sie im Regen draußen gespielt hatten und völlig verdreckt zurückgekommen waren, hatte ihnen Mutter Wolf verboten, die Höhle zu verlassen. »Es dauert viel zu lange, bis ich euch alle wieder sauber geleckt habe«, erklärte sie.

Über Stock und Stein

In aller Frühe versammelte sich das Rudel, um gemeinsam in den Dschungel zurückzuwandern. Und als habe es die düstere Regenzeit nie gegeben, stieg die Sonne rot und voll im Osten auf. »Das ganze Rudel mir nach«, befahl der alte Akela und trottete als erster bergabwärts. Der Abstieg erwies sich als mühsame Kletterei, denn der Pfad war schmal, und die spitzen Steine bohrten sich in die Fußsohlen. Tapu wagte kaum einen Seitenblick in den Abgrund neben sich, und der kleine Tapi hinkte jammernd hinter dem Rudel her und wurde von Mutter Wolf immer wieder mit der Schnauze angestupst. »Weiter, Tapi«, sagte sie, »wir können nicht auf dich warten!« Mogli hingegen lief ein Stück voraus, um im Bergwald Honig zu sammeln, wie er es Balu versprochen hatte. So viele Kokosschalen, wie er nur tragen konnte, füllte er mit dem köstlichen Gebirgshonig. Was für ein wunderbares Geschenk für den Bären!

Der erste Sonnenstrahl

Jeden Morgen hofften die Kinder, dass der Regen aufgehört hatte. Und tatsächlich, irgendwann wurden die Tropfen kleiner, und bald nieselte es nur noch. Und eines Tages streckte Vater Wolf die Nase hinaus und schnupperte: »Es riecht nicht mehr nach Regen! Ich glaube, die große Regenzeit ist endlich vorbei!« Am Horizont verschwand die letzte dicke, schwarze Wolke, und ein gleißender Sonnenstrahl erhellte die nackten Felsen des Waigungagebirges. Mogli rieb sich die Augen. Wie hell die Sonne war - und wie freundlich pötzlich alles aussah! Und da kam auch schon Rakti vorbei. »Wir gehen zurück!« bellte er mit heiserer Stimme, und siebenmal hallte das Echo von den grauen Felswänden wieder: »Zurück - rück - rück - rück - rück -rück - rück - rück!«

48

Ein Bär im Regen
Nun wollt ihr sicher wissen, wie es den anderen Tieren im Dschungel während der großen Regenzeit ergangen war. Nun, Kaa hatte sich um den starken Ast eines Eukalyptusbaums gekringelt und mitten im strömenden Regen ein sehr langes Nickerchen gehalten. Baghira, der Panther, hatte Zuflucht im dichten Laub eines Pagodenbaumes gefunden. Und die Affen? Sie waren auch im Regen kreischend und schnatternd durch den Urwald geturnt.
Balu aber, der so vorsorglich an alles gedacht hatte, war es schlimm ergangen. Da er außer Essen und Schlafen nichts zu tun hatte, fraß und schlief er abwechselnd.
»Uuäh«, gähnte er immer wieder, »wenn mir langweilig ist, muss ich essen!« Damit schob er sich wieder eine Banane, ein paar Nüsse oder eine Honigwabe in den Mund. Und als er am Ende der ersten Woche seine Vorräte begutachten wollte, waren sie ratzeputz aufgefressen!

Das Wiedersehen
So begann eine schreckliche Leidenszeit für den dicken Balu. Um den Hunger zu vergessen, schlief er viel, und dann träumte er von Honig und Nüssen. Aber wenn er erwachte, war seine Höhle leer, draußen plätscherte der Regen, und der Urwaldboden stand unter Wasser. Er wurde immer dünner, und hätte nicht eines Tages die liebe, gute Sonne die Regenwolken vertrieben, wäre Balu vielleicht noch verhungert!
»Oh, oh, oh, wie bin ich schwach«, jammerte er, als er aus seiner Höhle kroch. Doch da sah er durch das dichte Dschungellaub, das noch vor Nässe glitzerte, das Wolfsrudel mit Mogli durch den Urwald traben. Mogli war wieder da! »Mogli«, rief Balu mit letzter Kraft, »oh, Mogli!«
Eilig rannte Mogli auf den mageren Bären zu. »Balu!« schrie er freudig und umarmte seinen Freund. Und dann futterte der ausgehungerte Bär den ganzen Gebirgshonig auf einmal auf.

Kaas Geheimnis
Mogli mochte nicht glauben, dass Kaa in den Süden gezogen war, ohne sich von den Tieren zu verabschieden. Doch wen er auch fragte - keiner wusste, wo Kaa steckte. Weder Ikki noch Schawi, weder Biffi noch Hathi konnten Mogli helfen. Selbst Tschil, der doch von oben den ganzen Dschungel überblicken konnte, hatte Kaa nicht gesehen. »Wahrscheinlich hat Baghira doch Recht gehabt«, sagte Mogli traurig zu Tapu. »Schlangen haben eben ihre Geheimnisse.« - Ja, wo steckte Kaa nur? Ich will es euch verraten, aber ihr dürft es nicht weitersagen: Kaa hatte sich hinter einem riesigen Felsen am Bachbett versteckt und rührte sich nicht vom Fleck. Nur manchmal wetzte und schlängelte sie sich ein bißchen am Boden. Dabei streifte sie Stück für Stück ihre alte, silbergrüne Schlangenhaut ab. Für Kaa war nämlich die Zeit ihrer Häutung gekommen, und dafür hatte sie sich zurückgezogen.

Kaa ist verschwunden
Eines Tages im Frühling verschwand Kaa auf geheimnisvolle Weise. Als es den Tieren endlich auffiel, war sie schon eine ganze Weile nicht mehr gesehen worden. »Wo mag Kaa nur stecken?« fragte Mogli, der mit seinen Wolfsbrüdern am See herumtollte. »Ja, wo ist denn eigentlich Kaa?« wollte auch Balu wissen und kraulte versonnen seinen zottigen Pelz. »Baghira, hast du Kaa gesehen?« erkundigte sich Mogli bei dem schwarzen Panther, der träge am Ufer döste. Baghira schüttelte den Kopf und dachte nach. »Vielleicht ist sie nach Süden gezogen und hat sich ein neues Jagdrevier gesucht«, sagte er schließlich. Mogli machte ein betretenes Gesicht. »Aber dann hätte sie uns doch Bescheid gesagt!« erklärte er voller Überzeugung. »Tja,« antwortete Baghira, »Schlangen haben eben ihre Geheimnisse.«

Eine neue Kaa
Die Zeit verging, und eines Tages lag hinter dem riesigen Felsen eine funkelnagelneue Kaa! War ihre alte Haut silbergrün gewesen, so schimmerte sie jetzt bräunlich und golden. Und statt der Kreuze trug sie ein elegantes Zickzackmuster. Zufrieden betrachtete Kaa ihr neues Kleid. »Esss wird ZZZeit, dassssss ich mich den anderen Tieren zzzeige«, zischelte sie vor sich hin. »Die werden sssstaunen!« Sie tänzelte durch den Dschungel davon und fühlte sich so jung und frisch wie schon lange nicht mehr.
Mogli saß gerade mit Balu und Tapi vor der Bärenhöhle, als plötzlich eine Riesenschlange des Wegs kam, die sie noch nie gesehen hatten. »Na, ihr drei!« zischte die Fremde und tat so, als würde sie die drei schon ewig kennen. »Hier bin ich wieder«, erklärte sie und rollte sich gemütlich zusammen. »Holla«, sagte Balu aufgebracht, »bei uns im Dschungel ist es üblich, dass man erst seinen Namen sagt, ehe man sich bei wildfremden Leuten niederlässt.«

Das soll Kaa sein?
Die Schlange zuckte beleidigt mit dem Schwanz. »Aber ich bins doch, Kaa«, erwiderte sie, »ich habe mich nur gehäutet. Wie findet ihr mein neues Kleid?« Sie schlängelte ein wenig, dass das goldene Zickzack in der Mittagssonne aufleuchtete. Das sollte Kaa sein? Kaum zu glauben! »Ich werde es euch beweisen«, sagte die Schlange, »kommt mit mir!« Und tatsächlich, da lag doch verschrumpelt Kaas alte Haut mit den verblichenen Kreuzen.
»Tatsächlich, du bist Kaa!« rief Mogli und umarmte sie. »Aber mit der alten Haut kann man prima spielen!« Und schon hatten Mogli und Tapi die silberne Schlangenhaut gepackt und zerrten an ihr. »Finger weg!« rief Kaa aufgebracht. »Das ist gegen meine Schlangenehre! Wenn du sie nicht sofort zurückgibst, werde ich dich hypnotisieren.« Da ließ Mogli eilig die Schlangenhülle fallen, denn offenbar war mit der neuen Kaa ebenso wenig zu spaßen wie mit der alten.

Ruhe im Dschungel

Es war kurz vor Anbruch der Morgendämmerung, die nächtlichen Jäger waren bereits zurückgekehrt, und alle Tiere schlummerten friedlich. Balu schnarchte wohlig in seiner Höhle, Kaa hatte sich am Ufer des Baches zusammengerollt, und Baghira schlief unter dem Eukalyptusbaum. Selbst die schnatternden Affen waren endlich ruhig. Biffi, das kleine Äffchen, klammerte sich im Schlaf auf dem faltigen Rücken des alten Hathi fest, und Tschi-Tschi schnarchte dröhnend im Affenbrotbaum. Nur Mang, die Fledermaus, war noch unterwegs, sie flatterte leise durch die Finsternis, und ein paar vereinzelte Glühwürmchen surrten wie kleine Lämpchen durch den Wald. – Natürlich lag auch die Wolfsfamilie in tiefem Schlummer. »Krch, krch«, schnarchte Vater Wolf. »Krich, krich«, schnarchte Mutter Wolf. Und dazwischen hörte man ganz zart das leise Schnarchen der kleinen Wölfchen. Stille herrschte im Dschungel – aber da ertönte vor der Wolfshöhle plötzlich ein feines Wimmern.

Das verirrte Tier

Mogli erwachte und spitzte die Ohren. Da weinte doch jemand! Oder träumte er noch? Nein, er hörte es ganz deutlich: Vor der Höhle wimmerte jemand.
Mogli fasste sich ein Herz und trat hinaus in die Dunkelheit. Und dann sah er im fahlen Mondlicht eine kleine Gestalt auf vier Beinen, die sich ängstlich auf den Boden kauerte. Vorsichtig ging Mogli auf das fremde Tier zu. »Hallo, ich bin Mogli«, sagte er mit leiser Stimme, »und wer bist du?«
»Ich heiße Joki«, schluchzte das kleine Tier. »Ich stamme aus dem Dorf und habe mich verlaufen.« Mitleidig betrachtete Mogli das Tierchen, das vor Angst zitterte.
»Warte«, sagte er dann, »ich wecke Mutter Wolf und frage sie, ob du bei uns in der Höhle übernachten kannst.« Und schon war er in der Höhle verschwunden, um Mutter Wolf wachzurütteln. »Mutter Wolf, Mutter Wolf!« rief er, »draußen vor der Höhle sitzt ein Tier, das sich verlaufen hat!«

Joki bei den Wölfen

»Das ist ja ein Hund!« Mutter Wolf gab dem kleinen Tier einen zärtlichen Stups. »Na, komm herein, Kleiner. Bei uns in der Höhle ist es gemütlich und warm. Und morgen zeigt dir Baghira den Rückweg ins Dorf.« Und sie schob das zögernde Tierchen in die Höhle. Wie erstaunt waren die anderen Wölfe, als sie am nächsten Morgen erwachten und ein wildfremdes Hündchen neben ihnen lag. »Das ist Joki«, sagte Mogli, »er hat sich verirrt. Er lebt bei den Menschen im Dorf.« - »Was?« staunte Tapu. »Wie kann ein Tier nur freiwillig bei Menschen leben!« - »Ach«, bellte Joki leise, »ich hab es bei ihnen ganz schön. Es gibt immer genug zu fressen, und die Kinder streicheln mich oft.« - »Aber gehst du denn nicht auf die Jagd?« wollte Tapi wissen. »Jagd? Was ist denn das?« Na, da war aber ein Wolfsgeheul zu hören! »Das ist das Allerallerschönste auf der Welt!« rief Tapi und erzählte.

Joki auf der Jagd

»Eigentlich würde ich am liebsten bei euch bleiben«, sagte Joki etwas später, während er genüsslich an einer Rinderkeule nagte. »Könnte ich nicht mit euch auf die Jagd gehen?« - »Au ja!« riefen die Wolfskinder begeistert und bettelten, bis es Mutter Wolf erlaubte. - Rot versank die Sonne am Horizont, als das Wolfsrudel zur Jagd aufbrach. »Bleib schön bei mir«, flüsterte Tapi dem kleinen Hund zu. Hechelnd trabten sie eine Weile, als sie plötzlich ein Rascheln hörten. Und was sprang da aus dem Gebüsch? Der größte Hirsch, den das Wolfsrudel je gesehen hatte. Da legte Joki angstvoll die Ohren zurück. »Wau, wau«, winselte er, machte augenblicklich kehrt und lief zurück zur Höhle, wo Mogli mit Balu auf das Rudel warteten. »Ich habe mich so gefürchtet«, erzählte Joki. »Ich glaube, ich möchte nach Hause.« Mogli und Balu lächelten. Und dann brachten sie Joki zu Baghira, der das Hündchen wohlbehalten ins Dorf führte.

Was ist das für ein Lärm?
Ruhig und friedvoll verliefen die Tage im Dschungel. Ja, es geschah so wenig, dass Mogli eines Tages seufzte: »Wenn doch nur wieder einmal etwas passieren würde!« Ach, hätte er doch diesen Wunsch niemals ausgesprochen! Denn allzu bald war es vorbei mit Frieden und Langeweile. – Eines Morgens nämlich, als gerade die Tiere aus dem Schlummer erwachten, gab es auf der großen Lichtung plötzlich einen fürchterlichen Lärm. Erst knallten drei Böllerschüsse, dann dröhnten Fanfaren, und schließlich wurde laut gehämmert und geklopft. »Was ist denn auf der Lichtung los?« rief Mogli dem Panther Baghira zu. Aber dieser schüttelte den Kopf. »Ich weiß es nicht«, sagte er. »Aber spring auf meinen Rücken, Mogli, dann sehen wir nach.« Und so schnell Baghiras Beine sie trugen, eilten sie dorthin, wo der Lärm tobte.

Eine Falle für die Elefanten
Die stärksten Männer aus dem Dorf hatten sich auf der Lichtung versammelt, schrien laute Kommandos und fällten einen Baum nach dem anderen. »Was machen die Menschen da, Baghira?« fragte Mogli beklommen. Baghira zog die Stirn in Falten. »Das sind Elefantenjäger«, meinte er dann bekümmert, »sie bauen einen Zaun um die Lichtung und treiben die Elefanten hinein. Und dann werden die Elefanten auf ein Schiff verladen, das sie nach Europa bringt.« – »Wo ist denn Europa?« wollte Mogli wissen. »Das ist ein anderer Erdteil, der weit im Westen liegt«, erzählte Baghira. »Dort sperrt man die Elefanten in riesige Gefängnisse für Tiere, wo die Menschen sie betrachten können. Aber das ist kein Leben für freie Dschungelgeschöpfe.« Sorgenvoll beobachtete Mogli die Männer, wie sie Balken um Balken aufrichteten. »Wir müssen Hathi warnen«, sagte er dann, »und alle übrigen Elefanten.«

Hilfe für Hathi

»Um Hathi mache ich mir keine Sorgen«, erwiderte Baghira. »Er ist ein alter erfahrener Dschungelelefant. Aber die kleinen Elefantenkälbchen und die jungen Elefanten sind in großer Gefahr.« Mogli hatte eine Idee. »Wir sollten die Elefanten tief in den Dschungel hineintreiben«, sagte er, »damit sie nicht zur Lichtung laufen.« Und Mogli und Baghira rannten in den Urwald hinein, um Hathi, den riesigen alten Anführer der Elefanten zu finden. – Schon von weitem konnte man Hathis verzweifelte Trompetentöne hören, der bereits durch den Dschungel lief, um seine Herde zu warnen. Als er Mogli und Baghira begegnete, blickte er sie aus seinen kleinen Augen kummervoll an. »Bestimmt ist es längst zu spät«, jammerte er. »Die jungen Elefanten sind auf dem Weg zur Tränke.« – »Ich helfe dir, Hathi!« rief Mogli eifrig. »Wir helfen dir alle.«

Gefangen

Währenddessen aber bauten die Männer weiter, bis schließlich ein hoher, undurchdringlicher Zaun die Lichtung umgab. »Das sieht aus wie ein Gefängnis«, sagte Mogli, der mit Baghira den Fortgang der Arbeit beobachtete. Als die Sonne versunken war, sahen sie, wie die Männer plötzlich riesige Fackeln anzündeten und die Dschungelnacht damit erhellten. »Aha, so ist das«, knurrte Baghira, und sein Fell sträubte sich. »Mit Feuer wollen sie die Ärmsten in die Falle treiben.« Bald ertönten Lärm und Schüsse, und sieben traurige, kleine Elefanten trotteten mit hängendem Rüssel in den Käfig. »Ihr armen Elefanten«, murmelte Mogli, und eine dicke Träne rann über seine Wange. »Euch haben wir nicht helfen können.« – »Aber wenn wir nicht gewesen wären«, tröstete ihn Baghira, »hätten sie viel mehr Elefanten gefangen.«

Die Tiere halten zusammen

Mogli rannte durch den Dschungel, so schnell er konnte, um alle Freunde zu Hilfe zu rufen. Tschil, der Geier, kreiste unentwegt über dem Wald und meldete jeden Elefanten, den er entdeckte. Schawi kreischte schrill, um die Kälbchen von der Lichtung weg in den Urwald zu jagen. Der schwerfällige Balu entwickelte ein enormes Tempo, wenn er brummelnd ein versprengtes Häuflein Elefanten vor sich hertrieb. Mutter und Vater Wolf trabten unermüdlich über die weite Flussebene des Waigunga und hetzten laut heulend die kleinen Elefanten in die Tiefe des Dschungels. Baghira rannte blitzschnell dahin, Kaa glitt zischend durchs Gras, und selbst die wilden Affen halfen diesmal mit. »Elefanten, aufgepasst!« hörte man es von überall her brummen und kreischen, bellen und zischen. »Rennt in den Dschungel! Ihr seid in Gefahr!«

Schawi wird Vater

Seit Tagen schon hüpfte Schawi, der Pfau, glucksend und aufgeregt durch den Dschungel. »Ich werde Vater! Ich werde Vater!« rief er immer wieder und schlug vor lauter Vorfreude ein Rad nach dem andern. Ach, wie glücklich war Schawi! »Ihr werdet sehen, Schawis Kinder werden die schönsten Kinder des ganzen indischen Dschungels!« Bei diesen Worten schlug er ein so schwungvolles Rad, dass er beinahe hintenüber gefallen wäre. Schawis Weibchen aber hockte Tag um Tag und Nacht um Nacht geduldig auf ihren beiden Eiern und brütete. »Wann ist es denn endlich so weit?« fragte Schawi immer wieder voller Ungeduld. »Ich möchte doch sehen, wie meine beiden Kleinen aus dem Ei schlüpfen!« Doch noch ehe das Pfauenweibchen antworten konnte, war er schon wieder davongehüpft, um ihr etwas Leckeres zum Fressen zu suchen. Denn trotz aller Eitelkeit war Schawi ein sehr fürsorglicher Ehemann, der Kiki, seine kleine, braun gesprenkelte Frau, sehr lieb hatte.

Zwei kleine Pfauen

Ach, der arme Schawi! Natürlich war er gerade in dem Augenblick nicht da, als es unter Kikis Bauch plötzlich leise »kratsch, kratsch« machte. »Ich glaube, es ist so weit«, sagte Kiki zu sich selbst und stieg schwerfällig von den Eiern herunter. Und dann machte es noch einmal »kratsch, kratsch«, viel lauter als vorher, und zwei winzige Pfauen erblickten das Licht der Welt. Nur zarter Flaum bedeckte ihre Haut, denn es würde noch ein Weilchen dauern, bis ihnen ein so stolzes Federkleid wuchs wie ihrem Vater und ihrer Mutter. Gerührt betrachtete Kiki ihre beiden Kleinen. »Meine Kinder«, dachte sie voller Stolz, und zum erstenmal seit langer Zeit plusterte auch sie sich auf. Doch dann entsann sie sich ihrer Mutterpflichten und begann die Kleinen zu füttern. Wie gierig sie ihre Schnäbelchen aufrissen!
»Da wird Schawi aber stolz sein!« dachte Kiki. Doch sie hatte nicht mit Schawis Eitelkeit gerechnet.

Das sollen meine Kinder sein?

Glucksend und geschäftig hüpfend kam Schawi nach einiger Zeit zum Nest. Aber was war das? Mutter Kiki saß nicht mehr auf ihren Eiern, statt dessen fütterte sie zwei kleine Vögelchen! Aufgeregt näherte sich Schawi dem Nest. »Schawi, deine Kinder sind ausgeschlüpft!« rief Kiki voller Stolz und breitete ihre Federn über die nackten Kleinen. Schawi stutzte. Das sollten seine Kinder sein? Diese unansehnlichen, struppigen, kleinen Vögelchen, die aus weit aufgesperrten Schnäbeln lautstark piepsten? Schawi schüttelte entrüstet den Kopf. »Nie und nimmer sind das meine Kinder!« rief er. »Die Kinder des schönen Schawi können unmöglich so hässlich sein! Außerdem haben sie gar keine blauen Schwanzfedern – bestimmt hast du die Eier verwechselt!« Und aufgebracht, mit gesträubten Federn, hüpfte Schawi davon. Er wusste einfach nicht, dass kleine Vögel eine Weile brauchen, bis sie so aussehen wie ihre Eltern.

Schwere Zeit für Kiki

Kiki war wütend auf ihren Mann, aber was sollte sie machen? Nun musste sie ganz allein das Futter für ihre beiden Kinder herbeischaffen. Und was haben Pfauenkinder für einen Appetit! Den ganzen Tag fiepen sie nach Würmern, Insekten und Körnern. Schawi aber hatte sich verkrochen und beklagte sein Schicksal. So fand ihn Mogli. »Was ist denn los, Schawi?« fragte er den Pfau, der bekümmert seine Schwanzfedern hängen ließ. »Ach«, jammerte Schawi, »mein Weibchen hat zwei furchtbar hässliche Kinder bekommen, die nie und nimmer meine Kinder sein können. Dabei hatte ich mich so auf zwei hübsche, kleine Pfauenkinder gefreut!« – »Aber Schawi«, sagte Mogli da, »Kinder sehen doch am Anfang immer ganz anders aus als die Erwachsenen!« Aber Schawi ließ sich nicht trösten und schmollte.

Mogli hilft Kiki

Mogli lief gleich zu Kiki, um ihr beim Futtersammeln zu helfen. So konnte er beobachten, wie die Kleinen wuchsen und allmählich Federn bekamen. Schawi hingegen war fest entschlossen, nie wieder ein Wort mit Kiki zu reden, weil sie seine Eier verwechselt hatte. Vielleicht lief jetzt irgendein hässlicher Emu mit zwei schönen Pfauenkindern durch den Dschungel?! Als er eines Tages auf der Suche nach Insekten war, sah er plötzlich zwei wunderschöne Pfauen. »Ach, wären das doch meine Kinder!« seufzte er. Da stand plötzlich Kiki neben ihm. »Na, wie findest du deine Kleinen?« fragte sie. »Das sind meine Kinder?« rief Schawi mit weit aufgerissenen Augen. »Aber natürlich, du dummer, eitler Pfau. Wärst du bei uns geblieben, dann hättest du gesehen, wie ihnen die Federn wuchsen!« schimpfte Kiki. Da bat Schawi sein Weibchen um Verzeihung und hüpfte mit seiner Familie nach Hause.

Ein nächtlicher Ausflug
»Mutter Wolf, Mutter Wolf!« bettelten Mogli und die kleinen Wölfe eines Abends. »Dürfen wir heute ausnahmsweise ein bisschen länger aufbleiben? Wir wollen mit Ikki und Biffi noch ein bisschen spazieren gehen!« Mutter Wolf zog ein bedenkliches Gesicht, aber Vater Wolf meinte gutmütig: »Lass sie doch, sie sind ja in der letzten Zeit so brav gewesen.« - »Na, meinetwegen«, willigte Mutter Wolf schließlich ein, »aber lauft nicht zu weit in den Dschungel hinein!« Jubelnd rannten die kleinen Wölfe und Mogli ins Freie, um sich mit ihren Freunden zu treffen. Wie aufregend das nächtliche Leben war! Geheimnisvoll raschelten die Blätter, als führten sie ein leises Gespräch. Und im dunklen Gebüsch blinkten und funkelten unzählige Glühwürmchen. Wenn man nicht aufpasste, konnte man leicht über eine Wurzel stolpern. Doch zum Glück stand ja die große Kugel des Vollmonds am Himmel, und sein fahles Licht ergoss sich über den Dschungel.

Ein großes Tier
Mogli und seine Freunde hatten eine hohe, glatte Felswand entdeckt, auf die hell das Mondlicht fiel. Als Mogli die Hand hob, fiel ein langer Schatten auf den Felsen. Mogli hielt die andere Hand daneben, und plötzlich sah man ein Krokodil.
»Ui!« riefen alle begeistert, und Mogli erfand weitere Schattenfiguren. Da spannte ein Geier seine Flügel, ein Tiger wackelte mit den Ohren, und eine kleine Kaa schlängelte vorüber. »Wenn wir Wölfe und Mogli aufeinander steigen, können wir den Schatten eines riesigen Tieres zaubern!« rief Tapo dann. Gesagt, getan. Zwar fiel der tapsige Tapi immer wieder hinunter, und Tapu stöhnte und jammerte unter dem Gewicht der anderen, aber endlich stand an der Felswand ein großes, würdevolles Tier, das ab und zu ein wenig kicherte.

Nächtliche Jäger

»Was sehen denn da meine scharfen Augen?« murmelte eine Stimme, die Tabaki gehörte, dem bösartigen Schakal. Er kam aus dem Wald und ging geradewegs auf das seltsame, große Tier zu. »Was für ein prächtiges Beutetier!« sagte er zu sich selbst. »Groß und kräftig! Das muss ich sofort Shir Khan melden! Diesen Happen darf er sich nicht entgehen lassen!« Und gleich schlich der Schakal zu der Stelle, wo Shir Khan zu schlafen pflegte. Natürlich hoffte er, dass von der Beute auch etwas für ihn abfiel. Tabaki ging nämlich niemals selbst auf die Jagd, sondern fraß immer nur das, was Shir Khan übrig ließ. »Großer Meister!« sprach er und näherte sich dem schlummernden Tiger. »Wacht auf, schnell! Drüben am Felsen steht ein herrliches, fettes Tier, das nur darauf wartet, von dir verspeist zu werden.« Dabei floss dem bösen Schakal vor Appetit das Wasser im Munde zusammen. Mit einem Satz war Shir Khan auf den Beinen.

Mangs Warnung

Gott sei Dank, dass Mang mit den feinen Fledermausohren unterwegs war! Sie hatte das Gespräch zwischen dem Tiger und dem Schakal mit angehört und flog in Windeseile zur Felswand, um die Freunde zu warnen. »Mogli, ihr seid in großer Gefahr!« piepste sie. Hui, wie schnell da der Schatten des Tieres auseinander stob! Shir Khan und Tabaki, die sich soeben anschlichen, glaubten ihren Augen nicht zu trauen, als sich ihre Beute plötzlich in vier Teile zerlegte und im Unterholz verschwand. »Was war denn das für ein sonderbares Tier, Tabaki?« knurrte Shir Khan gereizt. »Wegen so einem Unsinn störst du meine wohlverdiente Ruhe? Mach, dass du weg kommst, sonst geht es dir schlecht!« Heulend schlich der Schakal davon. Die Kinder aber saßen längst bei Balu und erzählten lachend ihr Abenteuer.

Balu hat gute Laune

Wieder einmal war ein sonniger Dschungelmorgen angebrochen, und Balu war ungewöhnlich guter Laune. »Honig macht das Leben süß«, sang er frohgemut vor sich hin, während er durch das Urwalddickicht tapste. Er hatte nämlich einen besonders großen Bienenschwarm entdeckt, und den wollte er heute nach Leibeskräften ausplündern. »Oh, oh, oh, mir ist so wohl«, sang Balu weiter und bog die Zweige eines Eukalyptusbaumes zur Seite. Ja, dahinter summte es nur so vor Bienen! Balu lachte das Herz im Leibe, und das Wasser lief ihm im Mund zusammen. »Ein herrlicher Tag ist heute!« sagte er und fasste gierig mit den Tatzen in das Astloch. Und dann förderte er eine Wabe nach der anderen zutage und schleckte so lange, bis er satt und zufrieden war. »Und jetzt geht es zurück«, meinte er zu sich selbst, »in meine gemütliche Bärenhöhle. Und dort werde ich erst einmal ein Schläfchen machen.«

Oh, diese schrecklichen Affen!

»Es ist eine Lust zu leben«, stellte Balu fest, während er in Richtung Bärenhöhle wanderte, »wenn die Sonne scheint und man reichlich Honig gegessen hat. Und wenn man weiß, dass in der Höhle noch ein großer Vorrat an Nüssen wartet.« Doch was war das? Schon von ferne hörte Balu lautes Schnattern und Kreischen. In dem Baum, der seine Äste über Balus Höhle ausbreitete, hockten mindestens zwanzig Affen, und aus dem Inneren der Höhle drang lebhaftes Gekecker. Und dann sah er, dass diese frechen, diebischen Affen eine Kette gebildet hatten und sich, einer dem anderen, seine köstlichen Nüsse zuwarfen. »Halt!« schrie Balu empört. »Ihr könnt mir doch nicht meine ganzen Nüsse klauen!« Ein lautes Gelächter war die Antwort. »Wirklich nicht?« schrie Tschi-Tschi, die Affenkönigin, und schleuderte gleich drei Nüsse auf einmal in die Luft. »Und ob wir das können!« Und – hui! war sie mit ihrer Affenhorde in den Baumwipfeln verschwunden.

Rache für Balu

Balu tobte vor Wut. Der ganze herrliche Tag war ihm verdorben – nur wegen dieser gemeinen Affenbande. Traurig betrachtete er das kümmerliche Häufchen Nüsse, das die Affen zurückgelassen hatten. Während er bekümmert daran knabberte, kam Mogli vorbei. »Balu, was ist denn passiert?« rief er schon von weitem. »Man hat dich ja bis zur Wolfshöhle schimpfen gehört!« Erbost zeigte Balu seinem Freund die leer geräumte Höhle. »Diese gemeinen Affen haben mich bestohlen!« erzählte er. Mogli war ebenfalls empört. »Du solltest dich rächen«, sagte er, »aber wie nur?« Ja, wie? Die beiden dachten angestrengt nach. Womit konnte man die Affen wirklich ärgern? Und dann hatte der schlaue Mogli eine wirklich gute Idee.

In den Bananenstauden

Aufgeregt rannte er zu Hathi und bat ihn um Hilfe. Hathi erklärte sich sofort bereit, zusammen mit Mogli und Balu die Bananenstauden in der Nähe der Affenstadt zu plündern. »Diese frechen Affen brauchen ohnehin einmal einen Denkzettel«, meinte er. Sämtliche Stauden leerten die drei ab, und Balu aß so viele Bananen, wie er schaffte. »Die Affen sollen ruhig ein paar Tage hungern, bis die nächsten Bananen reif werden«, sagte er befriedigt. »Aber wo verstauen wir den Rest?« Und er deutete auf den riesigen Haufen Bananen. »Am besten in der Wolfshöhle«, schlug Mogli vor. Mutter Wolf war nicht sehr erfreut, aber Mogli bat: »Bitte! Es dauert auch nicht lange. Wenn die Affen die Nüsse nicht zurückbringen, verteilen wir die Bananen unter den anderen Tieren.«

Der Tausch

Als die Affen den Verlust entdeckten, gerieten sie außer sich. »Was sollen wir jetzt tun?« kreischten sie. »Ehe wir wieder Bananen haben, werden wir ganz mager sein und vor Schwäche von den Bäumen fallen!« Tschil, der vernünftige Geier, hörte das Gejammer. »Schwingt euch doch zur Wolfshöhle!« empfahl er den Affen. »Balu und Mogli sollen eine Menge Bananen dort verstaut haben.« Schnatternd versammelten sich die Affen vor der Höhle. »Gebt uns die Bananen zurück!« schrien sie. »Nur, wenn ihr Balus Nüsse herausrückt!« rief Mogli. Tschi-Tschi tat erstaunt. »Welche Nüsse denn?« wollte sie wissen. »Das weißt du genau!« schrie Balu wütend. »Wenn ihr die Nüsse nicht hergebt, gibt es keine Bananen!« Da begann es zu prasseln, und ringsum aus den Bäumen flogen die Nüsse herab. »Die Bananen könnt ihr selbst aus der Höhle holen!« rief Balu, während er die Nüsse aufsammelte. Und das ließen sich die Affen nicht zweimal sagen.

Ruhe vor dem Sturm

Heute waren alle Tiere von einer seltsamen Müdigkeit befallen. Baghira lagerte schlapp am Ufer des Sees und schlug nur ab und zu mit dem Schwanz nach einer Fliege. Balu schnarchte mit verdrossener Miene unter einer Platane, und Hathi spritzte lustlos einen dünnen Wasserstrahl über seinen faltigen Elefantenkörper. Auch Kaa, die sonst immer so flink dahinschlängelte, rührte sich kaum. »Es kommt mir vor, als sei es heute doppelt so heiß wie sonst«, stöhnte Mogli und ließ sich neben Kaa auf den Boden plumpsen. »Kein Lüftchen regt sich!«
Da streckte Kaa plötzlich den Kopf in die Luft und zischelte. »Esss issst viel zu sssstill!« sagte sie. »Wenn mich meine alten Knochen nicht trügen, bekommen wir bald ein gewaltiges Unwetter.«
Baghira drehte sich schwerfällig von einer Seite auf die andere. »Ach was!« sagte er. »Am Himmel ist keine Wolke zu sehen. Ich glaube nicht, dass sich das Wetter ändert.«

Der Sturm zieht auf

Mogli sah prüfend zum Himmel hinauf. »Ich weiß nicht, Baghira«, sagte er. »Dort am Horizont sieht es ganz dunkel aus. Und ich habe gehört, dass Schlangen gute Wetterpropheten sein sollen. »Sssssind sssie auch!« zischte Kaa. »Ich jedenfalls bringe mich in Sicherheit.« Und damit schlängelte sie in eine nahe gelegene Höhle, um dort weiterzudösen. Baghira knurrte: »Schlangen sind auch nicht allwissend!« und legte sich hin, um weiterzuschlafen. Doch da verfärbte sich der leuchtend blaue See plötzlich dunkel, und gleichzeitig fuhr ein so heftiger Wind durch die Bäume, dass es durch den ganzen Urwald rauschte. Pechschwarze Wolken ballten sich am Himmel. Alle Tiere waren erschrocken aufgesprungen. »Schnell, schnell!« rief Mogli, während der Wind durch seine langen schwarzen Haare fuhr. »Wir müssen Schutz suchen!« Und die Tiere, die gerade eben noch so friedlich gedöst hatten, rannten in alle Richtungen davon.

Eingeschlossen!

Es dauerte einen Augenblick, ehe Mogli und die Wölfe begriffen hatten, was geschehen war. Der wilde Sturm hatte den mächtigen Baum, der über hundert Jahre lang neben der Höhle gestanden hatte, entwurzelt und quer vor den Eingang geworfen. Die Wolfsfamilie war eingeschlossen! »Was sollen wir nur tun?« fragte Mutter Wolf ängstlich, und der kleine Tapi begann zu weinen. »Bestimmt werden wir alle verhungern!« jammerte er. »Ich habe jetzt schon Hunger!« Vater Wolf mahnte alle zur Ruhe. »Nur keine Panik!« sagte er beruhigend. »Vorläufig kann uns nichts geschehen. Wir müssen aber erst abwarten, bis der Sturm vorüber ist, bevor wir um Hilfe rufen können.« Doch das wütende Unwetter wollte einfach kein Ende nehmen. Viele Stunden lang saßen die Wölfe in der finsteren Höhle und lauschten bange auf das Toben und Tosen.

Hathi, der Retter

Endlich verebbte der lärmende Sturm, und die Wölfe atmeten auf, denn nun würden ihre Hilferufe gehört werden. Aber nur am oberen Rand des Baumstammes war ein winziger Spalt zu erkennen, durch den Licht eindrang. Wie sollten sie da hinaufkommen? »Steig auf meinen Rücken, Mogli«, sagte Vater Wolf, »und versuch, ob du den Spalt erreichen kannst.« Es war mühsam, aber Mogli schaffte es. Er klammerte sich an den Ästen fest, drückte den Mund an die Öffnung und schrie laut: »Zu Hilfe! Zu Hilfe! Wir sind eingesperrt!« Und tatsächlich dauerte es nicht lang, da erklang ein Stampfen, dass die Erde bebte. Es war Hathi mit seiner Elefantenherde! »Alles hört auf mein Kommando!« ertönte die ruhige Stimme des alten Elefanten. Dann rief er: »Alle Rüssel um den Baum – und – jetzt!« Mit einem Ruck stemmten die Elefanten den Baumstamm zur Seite, und blendendes Tageslicht ergoss sich in die Höhle. Wie froh waren da die Wölfe!

In der Höhle

Mit aller Kraft lief Mogli gegen den Sturm, der Blätter und kleine Zweige von den Bäumen riss und Sand und Erde aufwirbelte. Unterwegs sah er Ikki, das Stachelschwein, das sich mit seinen starken Nagezähnen an einem Baumstamm festgebissen hatte, und Schawi, den Pfau, der sich in ein Erdloch duckte und gründlich zersaust aussah. Endlich erreichte Mogli die schützende Wolfshöhle, wo bereits Vater und Mutter Wolf und die Wolfsbrüder eng beieinander kauerten. »Gott sei Dank, da bist du ja«, sagte Mutter Wolf erleichtert, als Mogli keuchend durch den Eingang kroch. Im Innern der Höhle lauschten Mogli und die Wölfe auf das Sausen und Brausen, das Pfeifen und Tosen, das Knattern und Heulen des wilden Sturms. Aber da – was war das? Plötzlich hörten sie ein Knirschen und einen lauten Plumps – und in der Höhle wurde es dunkel.

Kaa hat sich voll gefressen

Heute war Kaa strahlender Laune. Beschwingt und voller Tatendrang schlängelte sie durch den Dschungel, und ab und zu legte sie sogar einen heiteren Schlangentanz ein. Dabei schwang sie anmutig den Oberkörper hin und her und ließ ihre spitze Zunge aufblitzen. »Ich fühle«, murmelte sie dann vor sich hin, »dass heute ein ausgezeichneter Tag für die Jagd ist.« Und ihr Gefühl trog sie nicht. Schon hopsten ein paar fette Kröten vorbei, die mit einem Happ! in Kaas hungrigem Magen landeten. Dann fing sie noch eine Maus, einige Molche und sogar eine Ratte. Aber das alles war nur die Vorspeise. Als sie zum Bach kam, stand dort gerade eine Hirschkuh an der Tränke. Leise schlich Kaa sich an, stürzte sich auf das Tier, erdrückte es mit den starken Muskeln ihres Körpers und schlang es auf einen Sitz hinunter. Jetzt war die Riesenschlange satt!

Kaa rührt sich nicht mehr

Kaa war nicht nur satt, sie war sogar so voll gefressen, dass sie sich gar nicht mehr rühren konnte. Sie schaffte es nicht einmal, sich zu ihrem Lieblingsruheplatz zu bewegen, sondern blieb einfach liegen, wo sie war, schlang das Vorderteil und das Hinterteil ihres Körpers um den enormen Bauch, in dem sich ihre Beute befand, und fiel in einen tiefen Verdauungsschlaf. – Da kam Tschi-Tschi, die freche Affenkönigin, vorüber. »Was sehe ich da!« schnatterte sie aufgeregt. »Kaa liegt dort am Bach und rührt sich nicht. Was für eine Gelegenheit!« Sie schwang sich durch die Bäume, um ihre Affenbande zu holen. Und dann stürzten sich die Affen auf die arme, satte Riesenschlange: Sie zwickten und zwackten sie, zogen sie am Schwanz, sprangen um die Wette über ihren riesigen Bauch und kreischten ohrenbetäubend. »Oh! Au! Zu Hilfe!« stöhnte die gequälte Kaa, die sich nicht zur Wehr setzen konnte.

Balu, der Retter

Niemand schien das Jammern der armen Schlange zu hören, und die Affen wurden nicht müde, sie zu piesacken. Schließlich landete ein besonders vorwitziger Affe mitten auf Kaas mächtigem Bauch, und Kaa schrie laut und wütend auf.

Das hörte Balu, der Bär, der gerade einen kleinen Spaziergang machte. Er trat auf die Lichtung, sah sofort, was los war, und es brauchte nur wenige Tatzenhiebe, bis die Affen in alle Richtungen davonstoben. Mogli und Baghira waren auf den Lärm aufmerksam geworden und kamen angelaufen. »Was ist denn mit Kaa los?« fragte Mogli sorgenvoll, als er die regungslose Schlange erblickte. Aber Baghira konnte ihn beruhigen: »Das ist bei Riesenschlangen ganz normal. Sie hat eine ganz besonders üppige Mahlzeit zu sich genommen, daher hat sie einen so riesigen Bauch. Am besten lassen wir sie hier liegen und in Ruhe verdauen.«

Mogli hilft Kaa

Doch das konnte Mogli nicht glauben. »Bestimmt ist sie krank!« meinte er. Eilig schöpfte er mit einer Kokosnussschale Wasser aus dem Bach und goss es über die Schlange, um sie zum Leben zu erwecken. Da fuhr die Schlange wütend hoch, funkelte Mogli an und zischte: »Wasss ssssoll dasss? Kann man hier nicht einmal in Ruhe ssssein Verdauungsssschläfchen halten?« Jetzt war Mogli überzeugt. Kaa war bestimmt nicht krank! – Aber Tag für Tag ging er zu der goldbraunen Riesenschlange, um zu sehen, ob ihr Bauch immer noch so groß war. Stets lag sie bewegungslos da und zischte nur leise: »Ich habe gessssagt, du ssssollst mich in Ruhe lasssssen!« So sind Riesenschlangen eben: Sie können es nicht leiden, wenn man sie beim Schlafen stört. Aber tatsächlich wurde der mächtige Bauch mit jedem Tag ein bisschen kleiner. Und als Mogli eines Morgens kam, war Kaa verschwunden.

Die Versammlung

Ihr könnt euch gar nicht vorstellen, was das für ein Lärmen und Trampeln war, als am frühen Abend aus allen Himmelsrichtungen die Elefanten zusammenliefen. Die Erde erzitterte, und die anderen Tiere suchten erschrocken das Weite. Als die Sonne tief im Westen stand, waren mindestens hundert Elefanten auf der großen Lichtung versammelt. Aufgeregt schwenkte Hathi seinen Rüssel hin und her, damit Ruhe einkehrte, und dann eröffnete er die Jahresversammlung. »Elefanten, meine lieben Freunde«, sagte er feierlich, »wie ihr wisst, haben wir uns heute zusammengefunden, um einen neuen Anführer zu wählen. Ich bitte nun um die Aufstellung der Kandidaten.« – »Wir brauchen keinen neuen Anführer!« dröhnte die Stimme des jungen Jopie. »Wir wollen dich, Hathi, als Anführer behalten.« – »Aber es ist doch Tradition ...«, begann Hathi, doch schon überschrie Jopie ihn erneut: »Wer für Hathi ist, soll den Rüssel heben und dreimal trompeten!«

Hathi sammelt seine Herde

Einmal im Jahr versammeln sich alle Elefanten des Dschungels auf der großen Lichtung, um ihren Anführer zu wählen. Daher lief der alte Hathi, der die Herde seit vielen Jahren leitete, schon seit der Morgendämmerung durch den Dschungel, um die Elefanten zusammenzurufen. »Elefanten des indischen Dschungels!« trompetete er. »Kommt heute in der Abenddämmerung zur großen Elefantenlichtung!« Und dann ließ er eine so laute Fanfare erklingen, dass es durch den ganzen Urwald dröhnte. »muss Hathi unbedingt so laut sein?« brummte Balu und hielt sich die Ohren zu, gerade noch rechtzeitig, denn schon ertönte ein zweiter Trompetenstoß. »Mit diesem Lärm vertreibt mir Hathi meine Jagdbeute«, schimpfte auch Baghira. Und wieder trompetete Hathi – so laut, dass selbst die Affen in den Bäumen vor Schreck aufkreischten. Aber Hathi ließ sich nicht beirren: Jeder graue Dickhäuter sollte von der heutigen Versammlung erfahren.

Die Wahl

Was war das für ein Lärm! Hundert Elefanten hoben gleichzeitig die Rüssel und ließen eine dreifache Fanfare erklingen. Dazu trampelten sie mit ihren schweren Elefantenbeinen, dass die Erde bebte und selbst die Rinder am Waigungafluss unruhig wurden. Hathi schüttelte den Kopf. Das war gegen alle Traditionen, aber was sollte er machen? »Verehrte, liebe Anwesende!« erklärte er dann, wobei er vor Rührung schnaubte. »Tief bewegt danke ich euch allen. Schon mein Großvater pflegte zu sagen ...« Doch schon wieder wurde er von dem ungeduldigen Jopie unterbrochen. »Hathi«, sagte er, »wir möchten jetzt endlich tanzen!« Es ist nämlich Sitte bei den Elefanten, dass sie nach der Wahl ihres Anführers einen Tanz veranstalten. Und um die Wahrheit zu sagen: Die meisten Elefanten waren nicht wegen der Wahlversammlung, sondern zum Tanzvergnügen gekommen. »Ja, lasst uns tanzen!« schallte es laut, und seufzend fügte sich Hathi.

Der Tanz der Elefanten

Mit Hathis dröhnendem Tätärätä! wurde der Tanz offiziell eröffnet. Mogli, der mit Baghira in einem Baum am Rande der Lichtung saß, beobachtete staunend, wie graziös sich die großen, grauen Ungetüme bewegten. Vier fröhliche junge Elefanten waren die Musikkapelle. »Rüssel schwenk und Beine rück!« kommandierte Hathi, und im Takt der Trompetenmusik schwenkten alle Elefanten ihren Rüssel einmal nach rechts und einmal nach links. Besonders komisch war, wenn sie dabei mit ihren riesigen grauen Hinterteilen wackelten. Dann bildeten sie einen großen Kreis und hüpften Rüssel an Rüssel vorwärts und rückwärts, dass es eine wahre Freude war. Als Hathi »Damenwahl!« rief, traten die Elefantenkühe auf die Bullen zu. Die Pärchen drehten sich mit ineinander verschlungenen Rüsseln im Kreis. Das sah lustig aus!

Ikki hat Fernweh
Dort, wo der Dschungel endet, kommt man in die weite Ebene des Waigungaflusses. Und wenn man dann ein Stück flussaufwärts wandert, gelangt man in ein kleines Dorf, das von Menschen bewohnt wird. Reisfelder, kleine Gärten und Palmenhaine umgeben das Dorf, und Tag für Tag kann man dort die Bewohner arbeiten sehen. – Eines Tages fand Ikki, das Stachelschwein, das Alltagsleben im Dschungel etwas langweilig. »Man möchte doch schließlich einmal etwas erleben«, sagte es zu sich selbst und zog schnurstracks los. Neugierig tappelte die kleine stachelige Gestalt am Fluss entlang, wo rote Sambarhirsche grasten und Büffel am Ufer weideten. Wie aufregend das alles war! Ja, und dann entdeckte Ikki plötzlich ein Feld, auf dem Rüben und anderes Gemüse wuchsen. Da das Stachelschwein nach seinem langen, anstrengenden Marsch Hunger hatte, begann es mit Appetit zu fressen.

Ikki wird gefangen genommen
Doch plötzlich ertönte lautes Geschrei. Eine Schar Männer hatte Ikki entdeckt. Voller Angst flüchtete sich das Stachelschwein in eine Erdmulde, doch da beugte sich schon ein grinsendes Gesicht zu ihm hinab, und eine grobe Hand packte es am Nacken. »Ich habe den Missetäter!« schrie der grinsende Mann und lachte laut auf. Ikki quietschte vor Angst, während der Mann es triumphierend seinen Freunden zeigte. »Ein Stachelschwein!« meinte er und rümpfte die Nase. »Wie kann ein einziges Stachelschwein nur so viele Rüben fressen!« Und dann sagte er: »Am besten sperren wir es ein, dann kann es keinen Schaden mehr anrichten.« Ihr könnt euch vorstellen, wie jämmerlich Ikki da zumute wurde! Hätte es sich doch niemals auf dieses Abenteuer eingelassen!

Der tapfere Hund

Ikki quietschte vor Verblüffung, und dann erkannte es den Hund: Es war Joki, der sich einst im Dschungel verlaufen hatte und von Baghira ins Dorf zurückgebracht worden war. Voller Freude begrüßte Ikki den alten Bekannten und klagte ihm dann sein Leid. »Bitte, bitte, lieber Joki«, flehte Ikki, »lauf in den Dschungel und gib Mogli Bescheid. Er muss mich befreien.« Joki zögerte keinen Augenblick. »Natürlich helfe ich dir, Ikki«, sagte er, »das ist doch selbstverständlich.« Und noch in der gleichen Nacht schlich er sich heimlich aus dem Dorf, um Mogli und Baghira zu holen. – Im Dschungel herrschte längst helle Aufregung, weil Ikki verschwunden war. »Wo mag dieses dumme Stachelschwein nur stecken?« fragte Baghira immer wieder. Vergeblich hatten die Wölfe versucht, seine Fährte zu wittern. Die Tiere hatten fast schon die Hoffnung aufgegeben, als Joki im Dschungel auftauchte und von Ikkis Gefangenschaft berichtete.

Im Dorf

Und dann wurde das kleine Stachelschwein tatsächlich in einen Käfig gesperrt! Es war ein winziger Käfig, der noch dazu mitten auf dem Dorfplatz stand. Ständig standen Leute um das kleine Stachelschwein, das so viele Rüben fressen konnte, und starrten es an. Nur ein kleiner Junge hatte Mitleid mit Ikki und steckte ihm jeden Tag ein dickes Bündel Rüben in den Käfig. So musste das Stachelschwein wenigstens keinen Hunger leiden. Aber täglich versank es tiefer in Verzweiflung. Würde es den Dschungel und seine Freunde jemals wiedersehen? Doch eines Tages geschah etwas Erstaunliches. Ein kleiner Hund, der am Käfig herumschnüffelte, fragte plötzlich: »Bist du nicht Ikki, das Stachelschwein aus dem Dschungel?«

Ikkis Rettung

Zusammen mit Tapu, dem kleinen Wolf, machte sich Mogli sofort auf den Weg ins Dorf. »Ikki hat Rüben vom Feld gefressen«, erzählte der Hund unterwegs, »deshalb hat man es eingesperrt.« Mogli schüttelte den Kopf. So ein dummes, kleines Nagetier! Leise schlichen sie in das dunkle Dorf, wo nur noch vereinzelt Feuerschein in den Hütten leuchtete, denn es war schon sehr spät. Und dann standen sie endlich vor Ikkis Käfig. »Ach, Mogli, wie bin ich froh, dass du da bist!« wimmerte Ikki. Vorsichtig hakte Mogli die Käfigtür auf. »Komm schnell!« flüsterte er, denn aus den umliegenden Häusern waren schon verdächtige Geräusche zu hören. Mogli, Tapu und Ikki verabschiedeten sich von dem kleinen Hund und liefen eilig zurück in den Dschungel. Ikki aber beschloss, nie wieder auf Abenteuer auszuziehen.

Mang ist verschwunden

Tagsüber hing Mang, die Fledermaus, stets neben Balus Höhleneingang, denn sie ging nur nachts auf die Jagd. Fledermäuse hängen übrigens beim Schlafen mit dem Kopf nach unten, wusstet ihr das? Ja, sie sehen die ganze Welt verkehrt herum – der Himmel ist für sie unten und die Erde oben. Aber meistens haben sie die Augen geschlossen, und sehen können sie ohnehin nicht viel. Dafür haben sie die feinsten Ohren des ganzen Dschungels! Stellt euch vor, sie können sogar hören, wo Bäume stehen, denn sie besitzen ein Ultraschall-Radar! Das muss aber auch sein, denn wenn sie mit ihren schwachen Augen nachts unterwegs sind, würden sie sonst gegen Hindernisse fliegen. – Eines Morgens trat Balu wie gewöhnlich aus seiner Höhle und wollte dann seine Freundin Mang begrüßen. »Guten Morgen, Mang«, sagte er fröhlich – doch dann stutzte er. Mang hing nicht an ihrem gewohnten Platz!

Auf der Suche nach Mang

Was war geschehen? Aufgeregt tapste der Bär zur Wolfshöhle. »Mogli, aufwachen!« rief er schon von weitem. »Mang ist heute nacht nicht nach Hause gekommen!« Schlaftrunken erschien Mogli am Höhleneingang. »Uuuäh«, gähnte er, »was ist denn, Balu?« – »Mang ist verschwunden!« wiederholte Balu mit sorgenvoller Miene. »Und wenn Mang nicht nach Hause kommt, ist mit Sicherheit etwas passiert, denn seit Jahren ist sie so pünktlich wie ein Uhrwerk.« – »Wir müssen einen Suchtrupp aussenden«, sagte Mogli, und schon nach kurzer Zeit schwirrten und eilten viele Tiere durch den Wald, um die kleine, braune Fledermaus zu suchen. Baghira rannte ans Ufer des Waigungaflusses, um nach Mang Ausschau zu halten. Die kleinen Wölfe schnüffelten den Boden ab, und Mogli fragte jeden, den er traf, und rief laut: »Mang! Mang!« Doch vergebens: Mang blieb spurlos verschwunden.

Da ist sie ja!
Ratlos standen die Tiere im Schatten des Pagodenbaums, denn sie konnten Mang nirgendwo entdecken. Dabei hätte ein Blick nach oben genügt – Mang hing direkt über ihnen in den Ästen! »Mogli, Balu, Biffi!« rief die hilflose Fledermaus immer wieder, aber niemand hörte sie. Verzweifelt zerrte und zog das kleine Tier, um seine Flügel aus dem Dickicht zu befreien. Sie strampelte und zappelte mit aller Kraft... »Seid mal alle ganz leise«, sagte da Mogli plötzlich. »Ich habe etwas gehört.« Die Tiere schwiegen und spitzten die Ohren. Ja, da war über ihnen ein zartes Fiepen zu hören, ein ganz leises Flattern und ein Blätterrascheln! Mogli blickte in die Baumkrone. Tatsächlich! Da hing die arme Mang mit aufgerissenen Augen und zerzaustem Fell. So schnell er konnte, kletterte Mogli hinauf und befreite sie. Oh, wie glücklich war Mang, als sie endlich wieder kopfunter neben Balus Höhleneingang hing!

Eine verkehrte Welt
Ach, hätte Mang doch eine lautere Stimme gehabt! So aber hing sie verzweifelt in den Zweigen eines Pagodenbaums, in dem sie sich hoffnungslos verfangen hatte. Irgendwie hatte ihr Ultraschall-Radar nicht richtig funktioniert. So war sie geradewegs in den Baum hineingeflogen. Das Schlimmste aber war, dass sie für Fledermausverhältnisse verkehrt herum hing. Das war ja eine völlig verdrehte Welt! Mang war ganz schwindlig, und außerdem war sie müde, da sie ja tagsüber gewöhnlich schlief. Da sah sie das Affenmädchen Biffi ganz in der Nähe vorbeihopsen. »Hierher, hierher!« fiepte Mang. Aber ihre Stimme klang so fein, dass Biffi sie nicht hören konnte. Und ihre braunen Flügelchen waren im Blättergewirr kaum zu erkennen.

Immer Ärger mit den Affen

Wie oft mussten sich Mogli und die kleinen Wölfe über die Affen ärgern! Seit Jahr und Tag wurden sie beim Spielen von diesen frechen Tieren gestört. Neulich hatte sich Mogli mit viel Mühe eine wunderschöne Steinhütte gebaut – und was taten die Affen? Während Mogli beim Essen war, turnten sie so lange wild kreischend auf der Hütte herum, bis sie in sich zusammenfiel. Diese lästige, freche Bande! – Eines Tages spazierte Mogli allein durch den Dschungel, als plötzlich ein Hagel von Nüssen und Steinchen auf ihn niederprasselte. »Au!« schrie er und blickte nach oben. Natürlich, wieder einmal hatten es die Affen auf ihn abgesehen! Da hockten sie im Baum und keckerten und kreischten schrill. Was sie nur von ihm wollten? Aber das sollte Mogli gleich erfahren. Während er noch überrascht dastand, stürzten sich zwei der stärksten Affen auf ihn und fesselten ihn mit einer Liane.

Indianerspiele

Schnatternd kletterte Tschi-Tschi auf den steinernen Thron, der vor dem Tempel stand. »Jetzt ist Mogli unser Gefangener!« schrie sie und schleuderte eine Liane wie ein Lasso durch die Luft. »Bindet ihn an den Pfahl«, befahl sie dann, »und dort soll er so lange angebunden bleiben, bis er tut, was ich befehle.« Wieder packten grobe Affenpfoten den armen Mogli und fesselten ihn an einen Pfahl, der sich in der Mitte des Platzes befand. »So!« sagte die Affenkönigin, »wir lassen dich erst frei, wenn du versprichst, mein gehorsamer Diener zu werden!« Während Mogli in der sengenden Mittagssonne am Pfahl stand und immer durstiger wurde, veranstaltete die Affenhorde einen wilden Affentanz. Kreischend tobten sie im Kreis um Mogli herum, und die ganz kleinen, frechen Affen schlichen sich sogar an und kitzelten den hilflosen Jungen an den Füßen oder warfen mit Nüssen nach ihm. War das nicht gemein?

Durch die Luft

Erinnert ihr euch noch, wie Tschi-Tschi, die Affenkönigin, den kleinen Mogli entführt hatte, um ihn zu ihrem Diener zu machen? Nun, inzwischen war Mogli größer und schwerer geworden, und die Affen hatten trotz der Fesseln Mühe, ihn von Baum zu Baum zu schleppen. Einer der Affen hielt Mogli den Mund zu, und weil der Junge sich ohnehin nicht wehren konnte, schloss er schließlich die Augen und wartete ab, was die Affen mit ihm vorhatten. Er machte sie erst wieder auf, als er festen Boden unter sich spürte. Verwundert blickte er sich um. Da standen verwitterte, altertümliche Häuser, von Moos überwucherte Ruinen und ein verfallener Tempel. Mogli war noch nie in der alten Ruinenstadt gewesen, in der vor langer Zeit einmal ein indischer Maharadscha residiert hatte und in der jetzt die Affen hausten. Wie prächtig musste diese Stadt einst gewesen sein!

Tschi-Tschis Erpressung

»Schluss jetzt, Affenvolk«, rief Tschi-Tschi auf einmal mitten im schönsten Treiben. »Ich will unserem Gefangenen die Bedingungen nennen, unter denen wir ihn wieder freilassen.« Angstvoll und zugleich wütend blickte Mogli in das bösartig grinsende Gesicht der Affenkönigin. »Hast du Durst?« fragte Tschi-Tschi hämisch. Mogli, dessen Mund ganz ausgetrocknet war, antwortete nicht. »Wir wollen«, erklärte die Affenkönigin dann, »dass du von jetzt an mit deinen Wolfsbrüdern täglich für uns Wasser holst. Wasser ist nämlich das einzige, was uns in dieser wunderbaren Stadt fehlt. Erklärst du dich mit unseren Bedingungen einverstanden?« – »Meinetwegen könnt ihr in dieser Stadt verdursten!« rief Mogli da tollkühn aus. »Ich werde euch niemals Wasser holen, ihr dummen Affen!« – »Dann wirst du eben tausend Tage lang in dieser Hitze darben!« schrie die Affenkönigin.

Biffi, das schlaue Affenmädchen

Mogli klebte die Zunge am Gaumen. Da sah er, wie Biffi, das kleine Affenmädchen, auf Tschi-Tschi zurannte. »Königin!« rief Biffi der dummen Herrscherin zu. »Ich habe eine riesige Bananenstaude entdeckt! Aber kommt schnell, denn Balu hat sie auch gesehen!« »Wo?« kreischte Tschi-Tschi begeistert. »Wenn ihr der untergehenden Sonne folgt!« rief Biffi. Das ließen sich die Affen nicht zweimal sagen, vor lauter Gier vergaßen sie Mogli und turnten davon. Biffi band ihren armen Freund vom Marterpfahl los und gab ihm etwas zu trinken. Mogli bedankte sich herzlich bei dem Affenmädchen und rannte dann ganz schnell zurück in den Dschungel, wo ihn die Wolfsbrüder schon vermisst hatten. Die Affenhorde aber suchte noch lange nach der sagenhaften Bananenstaude.

Tabakis Märchenstunde
Einmal, als bereits die ersten Vögel ihr Abendlied zwitscherten, kam Tabaki, der Schakal, nahe der Wolfshöhle vorbei, vor der Mogli und die drei kleinen Wölfe spielten. »Na, ihr lieben Kinder«, sagte er mit freundlich schmeichlerischer Stimme, »soll euch der liebe Onkel Tabaki vor dem Schlafengehen eine Geschichte erzählen?« »Au ja!« rief der kleine Tapi und wedelte mit dem Schwanz. »Mogli, Tapu und Tapo, kommt her, Tabaki will uns eine Geschichte erzählen!« Mogli und die beiden anderen Wolfskinder näherten sich mit misstrauischen Gesichtern. Sie wussten genau, dass Tabaki ein großer Lügner war. Was das wohl für Geschichten sein mochten? »Nur keine Scheu, meine lieben Kinder«, erklärte Tabaki. »Setzt euch zu mir und hört zu.« Mogli und seine Wolfsbrüder scharten sich um ihn, und Tabaki begann: »Habt ihr schon einmal vom Großen Wu gehört?« Die Kinder schüttelten die Köpfe.

Die Geschichte vom Großen Wu
»Vor vielen, vielen Jahren«, so erzählte Tabaki, »lebte hier im Dschungel ein riesenhafter Geist, den die Tiere den Großen Wu nannten. Dieser Geist erschien immer nur dann, wenn der Vollmond am Firmament stand. Aber er war ein äußerst hässlicher und sehr unheimlicher Geist. Wie der Wind sauste er durch die Büsche und erschreckte die Tiere mit seinem Rascheln und Heulen...« Doch an dieser Stelle wurde Tabaki von Mogli unterbrochen, der aufgesprungen war und wütend rief: »Tabaki, du lügst! Es gibt ja gar keine Geister! Du willst mir und meinen Brüdern nur Angst einjagen. Lauf bloß weg, sonst hole ich Vater Wolf – und der wird es dir schon zeigen!« Verlegen grinsend zog Tabaki den Schwanz ein und erhob sich. »Na, gut, wenn euch meine Geschichte nicht gefällt, dann gehe ich eben. Aber heute ist eine Vollmondnacht, da werdet ihr schon sehen, ob es Geister gibt!« Und böse kichernd verschwand der Schakal im Urwalddickicht.

Ist Wu unterwegs?

Die Nacht brach herein, die letzten Vögel verstummten, und der Vollmond ergoss sein bleiches Licht über den Dschungel. Mogli und die Wolfsbrüder lagen zusammengekuschelt in der Ecke der Höhle. Doch keiner von ihnen konnte einschlafen. Bei jedem Knacken oder Knistern zuckten sie zusammen. »Mogli, ich hab solche Angst«, wisperte Tapi plötzlich. »Immer wieder denke ich, der Große Wu kommt gleich.« Und ängstlich horchte er auf das Rascheln in der Dunkelheit. Es war aber nur Mutter Wolf, die sich im Schlaf umdrehte. »Den Großen Wu gibt es nicht«, flüsterte Mogli beruhigend, obwohl er sich selbst nicht ganz sicher war. Wenn Tabaki nun recht hatte, und dieser böse Geist wirklich bei Vollmond durch die Büsche huschte? Da fasste Mogli einen mutigen Entschluss. »Ich gehe jetzt hinaus und sehe nach, ob es den Großen Wu gibt«, sagte er. »Aber ihr werdet sehen, Tabaki hat uns angeschwindelt.«

Im dunklen Wald

Beherzt trat Mogli vor die Höhle. Im weißen Mondlicht sah der vertraute Dschungel ganz unwirklich aus. Einen Augenblick lang erschauderte Mogli, dann lief er ein Stück in den nächtlichen Wald. Da! Ein leises Rascheln, ein Flattern – war das der Große Wu? Vor Schreck erstarrt blieb Mogli stehen. »Ja, bist du denn von allen guten Geistern verlassen?« fiepte da eine zarte Stimme aus den Zweigen eines Pagodenbaums. »Was suchst du denn zu so später Stunde hier draußen im Wald?« Mogli fiel ein Stein vom Herzen, als er Mang, die Fledermaus, erkannte. »Ach, du bist es!« sagte er erleichtert. »Ich hatte solche Angst, es wäre der Große Wu!« Mang stieß ein feines Fledermauslachen aus. »Hat euch Tabaki auch sein Märchen über diesen Geist erzählt?« fragte sie. »Den Großen Wu gibt es doch gar nicht!«

Zurück zur Höhle

»Wirklich nicht?« fragte Mogli hoffnungsvoll. »Natürlich nicht«, erwiderte Mang. »Ich fliege jede Nacht durch den Dschungel, ich muss es doch wissen.« Und damit flatterte sie auf der Jagd nach ihrer nächtlichen Beute davon. Erleichtert machte Mogli sich auf den Rückweg. Doch als er bei der Höhle anlangte, blieb ihm vor Schreck beinahe das Herz stehen. Was war das? Da bewegte sich doch etwas an der rückwärtigen Höhlenwand! Und ein leises Heulen war zu hören, ein Rascheln, ein Schnauben! Doch während Mogli in die Höhle hineinging, wurde die Gestalt immer kleiner und kleiner. Da merkte er, dass ihn das Mondlicht genarrt hatte – das Gespenst war niemand anders gewesen als der Schatten des kleinen Tapi, der heulend und winselnd in der Höhle saß. »Mogli, endlich!« wimmerte er. Mogli nahm seinen zitternden kleinen Bruder in den Arm. »Ich weiß es jetzt sicher, Tapi«, sagte er tröstend. »Es gibt keinen Großen Wu.«

Shir Khans Rückkehr

Schon lange hatte man nichts mehr von Shir Khan gehört, dem gefährlichen alten Tiger. Erinnert ihr euch noch, wie Balu, Baghira und Kaa ihn vertrieben haben? Und wie vierzig Wölfe ihn in die Flucht schlugen? Aus Scham über diese Niederlagen hatte Shir Khan seine Jagdgründe an den oberen Flusslauf verlegt. Aber dort wurde die Beute allmählich rar, und so kehrte er eines Tages zurück und schlich fauchend durch das Dickicht des Dschungels. – »Habt ihr schon gehört, Shir Khan ist wieder da!« kreischte Tschil und flatterte aufgeregt mit seinen großen Flügeln. »Shir Khan ist wieder da!« zischte auch Kaa, die Riesenschlange. »Shir Khan ist wieder da!« trompetete Hathi durch den Dschungel und schnaubte dabei. »Shir Khan ist wieder da!« keckerten die Affen und flohen hinauf in die Wipfel. »Shir Khan ist da! Shir Khan ist da!« Aus allen Ecken des Dschungels kreischte und zischelte, zwitscherte und brummte, bellte und krähte es, so lange, bis es wirklich jeder wusste.

Mutter Wolf in Sorge

Auch bis in die Wolfshöhle war die Kunde von Shir Khans Rückkehr gedrungen, und Mutter Wolf machte sich große Sorgen. »Heute Abend gehe ich mit Vater Wolf allein auf die Jagd«, verkündete sie, »es ist zu gefährlich für euch. Bleibt artig in der Höhle und rührt euch nicht, wenn ihr Shir Khans Heulen hört.« Mogli und die kleinen Wölfe versprachen ihr hoch und heilig, dass sie zu Hause bleiben würden. »Aber was machen wir, wenn Shir Khan in die Höhle kommt?« fragte Tapi angstvoll, als Vater und Mutter Wolf davongetrabt waren. Er fürchtete sich schrecklich vor dem gefährlichen Tiger mit dem riesigen Schlund und den bösartig funkelnden Augen. Und da hörten die vier auch schon ein fernes Heulen. Shir Khan! Furchtsam drängten sich die Brüder aneinander. »Mogli, Mogli!« rief es leise vom Eingang der Höhle her, und der schwarze Panther Baghira schlüpfte geschmeidig durch das Loch. »Ich habe gehört, dass Shir Khan auf dem Weg zur Wolfshöhle ist«, sagte er.

Mogli geht ins Dorf

Die kleinen Wölfe und Mogli erstarrten. Wie sollten sie sich nur gegen den mächtigen Tiger zur Wehr setzen? »Es gibt nur einen Weg, wie ihr Shir Khan in Schach halten könnt«, erklärte Baghira. »Mogli, du musst ins Dorf gehen und Feuer holen, denn nichts hasst der alte Tiger mehr als das Lodern der Flammen.« Mogli nickte. Das war die Lösung, denn alle Tiere fürchteten das Feuer, am meisten aber Shir Khan. »Ich werde dich bis zum Dorfrand bringen«, sagte Baghira, »doch von da ab musst du allein zurechtkommen.« Und so ritt Mogli auf dem Rücken des Panthers durch die schwarze Nacht. Keuchend vor Anstrengung machte Baghira schließlich kurz vor dem Dorf Halt und ließ Mogli absteigen. »Viel Glück!« flüsterte er und eilte davon. Leise und vorsichtig schlich Mogli sich an eine Hütte heran. Dann nahm er einen dicken Stock und hielt ihn in die noch glühende Feuerstelle, bis das Holz zu brennen begann. Nun hatte Mogli eine Fackel!

Durch den Wald

Mit dem glühenden Holzstück in der Hand durchquerte Mogli den Urwald, und wo immer er auftauchte, stoben die großen und kleinen Tiere erschrocken davon. Von ferne aber war noch immer das Heulen des alten Tigers zu hören, der auf die Wolfshöhle zukam. Moglis Herz klopfte wie wild. Er musste unbedingt vor Shir Khan die Höhle erreichen! Immer bedrohlicher, immer näher klang Shir Khans Geheul. Und als Mogli fast schon bei der Höhle angelangt war, konnte er die glühenden Augen des Tigers in der Dunkelheit sehen. »Keinen Schritt weiter, Shir Khan!« schrie Mogli und schwang seine Fackel, dass die Funken stoben. »Huuuaaa!« brüllte der Tiger, der gerade zum Sprung ansetzte. Doch unbeirrt schwang Mogli seinen feurigen Stab und hielt ihn dem Tiger vor die Nase, bis dieser ins Unterholz zurückwich. Und dann hatte Mogli endlich die Wolfshöhle erreicht.

Mogli schützt die Wölfe

Im Innern der Wolfshöhle zitterten die kleinen Wölfe vor lauter Angst. Doch da erhellte auf einmal ein Feuerschein die dunkle Höhle. »Da bin ich wieder! Jetzt müsst ihr keine Angst mehr haben«, rief Mogli seinen Brüdern zu. »Ich mache vor dem Eingang ein großes Feuer, das wird uns beschützen.« In Windeseile errichtete er einen hohen Holzhaufen. Und dann loderte ein Feuer in der finsteren Nacht. »Komm nur näher, Shir Khan, wenn du dich traust!« schrie Mogli mit lauter Stimme und setzte sich neben seine Feuerstelle. »Huuuaaa!« brüllte der Tiger noch einmal, zog den Schwanz ein und schlich davon. Die ganze Nacht wachte Mogli am Feuer, bis alles Holz zu Asche gebrannt war. Erst als die Wolfseltern in der Morgendämmerung zurückkehrten, verließ Mogli seinen Platz und legte sich schlafen.

Ärger für Hathi

Es war ein herrlicher Dschungelmorgen. Die Vögel sangen und pfiffen, und wie ein strahlend gelber Ball stand die Sonne hoch am Himmel und brannte erbarmungslos herab. Am späten Vormittag war es schließlich so heiß geworden, dass Hathi, der Elefant, beschloss, sich eine kleine Dusche am See zu genehmigen. Fröhlich stapfte er durch das Unterholz des Dschungels. »Eine Dusche am See«, summte er vor sich hin, »das ist köstlich – köhöstlich!« Und dann trompetete er vor lauter Lebenslust dreimal laut mit dem Rüssel.
Doch was war das? Plötzlich gab es einen kleinen Plumps, und etwas landete auf seinem Rücken. Nervös tastete Hathi mit dem Rüssel hinter sich. Welches freche Tier wagte es da, sich einfach auf seinen Rücken zu setzen? »He, was soll das?« rief Hathi erbost. »Geh sofort runter da, wer auch immer du bist!«

Hathi wehrt sich

»Ich bin die Königin der Affen!« rief es da von Hathis Rücken. »Wie der Maharadscha werde auch ich von heute ab auf einem Elefanten reiten! Marsch, Alter, setz dich in Trab!« Die freche Tschi-Tschi hatte sich mit ihren schwieligen Pfoten an Hathis Nacken festgekrallt und zerrte kräftig an seinen Ohren. Na, da hatte sie aber die Rechnung ohne Hathi gemacht! »Geh sofort runter, sonst kannst du etwas erleben!« drohte Hathi. »Ich bin ein freier Dschungelelefant und kein Reittier für ein albernes Affenweib!« Doch Tschi-Tschi ließ sich nicht beirren. »Na los!« schrie sie. »Das ist ein Befehl!« Da wurde Hathi so zornig, dass er beinahe gegen einen Baum gelaufen wäre. Er schwenkte seinen Rüssel nach hinten und fasste Tschi-Tschi so fest am Kragen, dass sie aufkreischte. Während sie noch in der Luft baumelte, drohte er: »Wehe, du springst noch einmal auf meinen Rücken!« Und aus einiger Höhe ließ er die Äffin unsanft auf den Boden fallen.

Hathi am See

Während Hathi grimmig zum See stapfte, saß die Affenkönigin schimpfend und tobend auf dem Urwaldboden. »So eine Schande! So eine Schmach!« stöhnte sie. »Das lasse ich mir nicht bieten! Schließlich bin ich die Königin aller Affen. Das wollen wir doch einmal sehen, ob ich den alten Dickhäuter nicht doch noch dazu bringe, mir zu gehorchen.« Und sie packte den nächsten Ast und schwang sich hinter Hathi her zum See hinunter. – Unterdessen war der große Elefant auf seinen mächtigen, faltigen Beinen in den See hineinmarschiert, dass es nur so spritzte. Mit dem Rüssel saugte er das Wasser an und spritze es sich über den Rücken. Ah, das tat gut! Allmählich verrauchte sein Ärger, und eine wohlige Müdigkeit überkam ihn. Dösend stand er im Schatten einiger Uferbäume im flachen Wasser und schlug nur gelegentlich mit dem Rüssel nach einer lästigen Fliege. »Uuääh«, gähnte er und blinzelte in das grelle Sonnenlicht.

Tschi-Tschis zweiter Versuch

Das einzige Tier, das in der siedenden Mittagshitze nicht döste oder schlief, war Tschi-Tschi. Aufgeregt turnte sie durch die Bäume am See und überlegte, wie sie am besten an Hathi herankam. »Na warte, du dummer, alter Elefant!« dachte sie und setzte zum Sprung an. Und schon saß sie auf Hathis Rücken, wodurch der Elefant erschrocken aus seinem Dösen erwachte.
»Du unverschämtes Affenvieh!« schimpfte der Elefant. »Ich habe dich gewarnt!« Und damit packte er sie erneut mit dem Rüssel am Schlafittchen, und mit einem Schwung tunkte er sie in das kühle Wasser des Sees.
»Iiiihh!« kreischte die wasserscheue Affenkönigin. »Das ist so nass! Aufhören! Ich mache es auch nie wieder! Hilfe!«
Aber jetzt wollte der zornige Hathi zeigen, wer der Stärkere war. Immer wieder zog er sie durchs Wasser, und die Affenkönigin schluckte einiges von dem trüben Seewasser, bis er sie endlich am Ufer absetzte. Tropfnass schlich Tschi-Tschi davon.

Unterwegs im Dschungel
Es ist immer wieder aufregend, im Dschungel spazieren zu gehen, fand Mogli, während er gemächlich dahinschlenderte. Ständig entdeckte er Tiere, Pflanzen und Orte, die er noch nie gesehen hatte. Da hüpfte ein Heuschreckenschwarm in großen Sprüngen an ihm vorüber, eine grasgrüne Flugeidechse segelte über ihn hinweg, und Rocco und Rikki, die beiden freundlichen Papageien, begrüßten ihn fröhlich. Und wie er so dahinging und immer wieder Neues entdeckte, merkte er gar nicht, dass er sich immer weiter aus seiner gewohnten Umgebung entfernte. Auf einmal blieb er stehen und sah sich um. In welcher Richtung lag eigentlich die Wolfshöhle? Sollte er nach rechts oder nach links gehen, wenn er wieder nach Hause wollte? Und da wurde Mogli klar, dass er sich gründlich verlaufen hatte. Er wusste beim besten Willen nicht, wo er sich eigentlich befand. Was sollte er jetzt nur tun?

Schawi weist den falschen Weg
Ziellos wanderte er weiter in der Hoffnung, vielleicht einem Tier zu begegnen, das ihm den Heimweg zeigen konnte. Und tatsächlich: Da stand Schawi, der Pfau, vor einer großen Pfütze und betrachtete begeistert seine endlich nachgewachsenen Schwanzfedern im Spiegel des Wassers. »Schawi! Schawi!« rief Mogli erleichtert. »Bitte sag mir doch, in welcher Richtung die Wolfshöhle liegt. Ich habe mich verlaufen!« Schawi allerdings war so sehr in sein eigenes Spiegelbild vertieft, dass er nur kurz aufblickte. »Hallo, Mogli!« sagte er. »Du musst in diese Richtung gehen.« Und dabei deutete er mit dem Schnabel kurz nach rechts und wandte sich dann sofort wieder dem spiegelnden Wasser und dem Abbild seiner schönen blauen Schwanzfedern zu. Mogli bedankte sich höflich und wandte sich in die Richtung, die Schawi ihm gewiesen hatte. Bestimmt würde er bald von ferne den See im Sonnenlicht funkeln sehen.

Mogli auf dem Felsen

»Sonderbar«, murmelte er auf einmal vor sich hin, »ich kann mich gar nicht erinnern, dass das Unterholz so dicht war. Und diese Bäume kommen mir auch nicht bekannt vor.« Eigentlich hätte er längst an Kaas Schlummerstein am Bachbett und Baghiras Lieblingsbaum vorbeikommen müssen. Und wo war Balus Höhle? Und dann stand er plötzlich vor einem schroffen Felsen. Irgend etwas stimmte da nicht!
Doch da begriff Mogli plötzlich: Schawi hatte nur auf sein Spiegelbild gestarrt und darin den ganzen Dschungel seitenverkehrt gesehen. Daher hatte er ihn genau in die falsche Richtung geschickt! Nachdenklich blickte Mogli an der grauen Felswand hoch. Vielleicht konnte er von dort oben sehen, in welcher Richtung sein Zuhause lag? Und er machte sich an den mühsamen Aufstieg. Schwitzend und erschöpft erreichte er endlich den Gipfel, doch als er sich ins weiche Gras fallen lassen wollte, rief eine krächzende Stimme hinter ihm: »Hallo, Mogli!«

Tschils Nest

Mogli fuhr herum. Da hüpfte doch tatsächlich Tschil, der Geier, auf ihn zu! »Das ist schön, dass du mich und meine Familie einmal besuchst«, sagte Tschil freundlich. Und hocherfreut führte Tschil den verdutzten Mogli zu einem riesigen Nest, in dem Tschils Weibchen Vally und drei kleine Geierkinder hockten. Als Mogli sah, wie glücklich die Geier über seinen Besuch waren, beschloss er, lieber nicht zu erzählen, dass er sich eigentlich nur verlaufen hatte. »Ihr habt es ja wunderschön hier«, stellte er fest, blickte in den glasklaren Himmel über sich, und plötzlich wurde ihm ganz leicht und unbeschwert zumute. War es nicht herrlich, wenn man selbst auf dem schroffsten Felsen einen Freund fand, der sich über einen Besuch freute? Neugierig streckten die drei kleinen Geierchen ihre dürren Hälse über den Nestrand. »Macht mal Platz im Nest, ihr drei«, befahl Vater Tschil, und dann forderte er Mogli auf: »Komm, mach es dir bequem.«

Tschil zeigt Mogli den Weg

Das Innere des Geiernests war sehr gemütlich und weich, denn die Eltern hatten es mit zarten Daunenfedern gepolstert. »Was sollen wir denn unserem Gast nur anbieten?« jammerte Mama Vally. Aber Tschil wusste sogleich Rat. »Einen Augenblick«, erwiderte er, schwebte davon und kehrte kurz darauf mit drei Bananen im Schnabel zurück. Erst jetzt merkte Mogli, wie hungrig er war, und er aß voll Genuss. Dann plauderte er mit der Geierfamilie, bis die Sonne blutrot im Westen versank. »Jetzt sollte ich wohl heimgehen«, meinte Mogli zögernd. »Ich bringe dich nach Hause«, bot Tschil großzügig an. »In der Dunkelheit könntest du dich sonst leicht verlaufen.« Mogli fiel ein Stein vom Herzen. Er verabschiedete sich von Tschils Familie und kletterte über den Felsen hinab in den Dschungel. Und während Tschil lautlos vorausschwebte, ging Mogli den ganzen langen Weg zurück, bis er bei der Wolfshöhle angelangt war.

Baghiras Geschichte
Wenn am Abend über dem Dschungel der Regen niederprasselte, machten es sich die Wölfe in der Höhle gemütlich. Und oft kam bei solchen Gelegenheiten Baghira zu Besuch und ließ sich bei ihnen nieder. »Baghira, erzähl uns eine Geschichte!« baten Mogli und die kleinen Wölfe dann, und Baghira erzählte. »Vor langer, langer Zeit, als ich noch ganz jung war«, begann er einmal, »da lebte ich nicht im Dschungel, sondern in einem Käfig hinter Gitterstäben. Meine Mutter hat mich dort zur Welt gebracht, denn sie war von den Bediensteten des Maharadschas gefangengenommen worden. Unser Käfig stand in der fürstlichen Residenz, und auch wenn er aus purem Gold war, litt meine Mutter doch schrecklich unter ihrer Gefangenschaft. Stundenlang erzählte sie mir von der herrlichen Wildnis des Dschungels, die sie nie mehr wiedersehen sollte. Meine Mutter war so traurig über den Verlust ihrer Freiheit, dass sie schließlich vor Kummer starb.«

Baghiras Sehnsucht
Aus Moglis Augen quollen zwei dicke Tränen. »So wuchs ich ganz allein heran«, fuhr Baghira fort. »Ich wurde größer und stärker, und kannte doch nichts von der Welt außer dem engen Käfig. Weil ich mich langweilte, lief ich ständig hin und her, hin und her. Und ich spürte eine drängende Sehnsucht, aber ich wusste nicht genau, wonach. Die Freiheit und Wildnis des Dschungels kannte ich ja nicht! Ich wusste nicht, wie herrlich es ist, in schnellem, geschmeidigem Lauf einer Hirschkuh hinterherzujagen und dann plötzlich zum Sprung anzusetzen! Auch den Genuß des kühlen Wassers aus dem Bach hatte ich noch nie erlebt und auch nicht die friedvollen Stunden, wenn die Vögel ihr Abendlied singen und Mond und Sterne langsam heraufziehen. Ich kannte nur die Türmchen und Zinnen des Palastes und das mürrische Gesicht des Wärters, der mir meine Fleischbrocken in den Käfig stellte.

Beim Maharadscha
»Eines Tages aber geschah etwas Unerwartetes«, berichtete Baghira. »Als mein Wärter in den Käfig kam, hielt er ein goldenes Halsband mit einer goldenen Kette in der Hand. ›Wir haben heute Audienz beim Maharadscha‹, sagte er zu mir, ›also benimm dich gefälligst.‹ Und dann durfte ich zum erstenmal meinen Käfig verlassen. Oh, war das aufregend, durch die Räume des Palastes zu wandern! Die Böden waren aus Alabaster, die Wände schmückten herrliche Malereien und die Brünnlein waren ganz aus prachtvollem Jadestein geschnitten. Der Maharadscha, der auf einem diamantbesetzten Thron saß, trug ein kostbares weißes Gewand, und auf seinem Turban funkelten blutrote Rubine. Mein Wärter befahl mir, mich still neben den Thron des Herrschers zu legen. ›Das ist ein schönes Tier‹, sagte der Maharadscha. Von da an wurde ich öfter in den Thronsaal gebracht, und dadurch konnte ich meinem Käfig wenigstens ab und zu entkommen.«

Baghiras neuer Freund
Baghira schwieg eine Weile und dachte an seine Jugendzeit zurück. »Und was geschah dann?« fragte Tapi ungeduldig. Baghira fuhr fort: »Das kam so: Eines Tages stellte man einen zweiten Käfig neben meinem auf, in dem ein junger, wilder Tiger saß. Er war gerade erst gefangen genommen worden und sehnte sich verzweifelt zurück nach dem Dschungel. Nächtelang erzählte er mir Geschichten vom Leben in freier Wildbahn. Und da wusste ich plötzlich, wonach ich mich so lange gesehnt hatte: nach der Freiheit und Wildnis des Dschungels. Ich konnte gar nicht genug bekommen von seinen Erzählungen, und ganz allmählich formte sich in mir ein Entschluss: Ich wollte aus meinem Käfig ausbrechen und in den Dschungel fliehen. Aber wie sollte ich das anstellen? Schließlich war ich ein schwacher Käfigpanther, der noch nie seine Tatzen und Zähne gebraucht hatte.«

Baghiras Ausbruch
Doch ich dachte nur noch an Flucht, und eines Abends bot sich plötzlich die Gelegenheit. Als mir der Wärter meinen Napf mit dem Futter hinstellte, drehte er mir für einen kurzen Augenblick den Rücken zu. Und diesen Moment nutzte ich: Mit einem einzigen entschlossenen Sprung verließ ich die enge Welt meines Käfigs und schob mit dem Kopf von außen die Tür ins Schloss. Da saß nun der Wärter, so wie ich jahrelang dort gesessen hatte. Aber ich blickte nicht zurück, sondern rannte eilig davon. Noch befand ich mich ja innerhalb der königlichen Residenz, und bestimmt würden die Wachen bald entdecken, dass statt meiner der Wärter im Käfig saß. Im Schatten der Palastmauer schlich ich mich zum Tor, und in einem unbeobachteten Augenblick schlüpfte ich hinaus.« An dieser Stelle blickte Baghira zum Höhleneingang. »Schluss für heute«, sagte er. »Der Regen hat aufgehört, und ich bin sehr müde. Wenn es morgen wieder regnet, erzähle ich weiter.«

83

Baghiras Weg durch die Stadt

Den ganzen Tag hofften Mogli und die Wolfskinder, dass es abends regnen würde, aber sie wurden enttäuscht. Keine Wolke stand am klaren Sommerhimmel. Zwei Tage mussten sie warten, bis endlich wieder schwere Tropfen fielen und der Panther nicht auf die Jagd ging, sondern die Wölfe besuchte. Als er durch den Höhleneingang schlüpfte, kauerten die Kinder bereits eng beieinander und erwarteten sehnsüchtig die Fortsetzung der Geschichte. »Ihr erinnert euch sicher, dass ich gerade durchs Tor auf die Straße gelaufen war«, begann Baghira, und das eintönige Prasseln des Regens untermalte seine Erzählung, »und ich hatte schreckliche Angst, die Diener des Maharadschas würden mir folgen und mich wieder einfangen. Was ich aber nicht wusste, war, dass die Menschen schreckliche Angst vor mir hatten! Sobald ich auftauchte, stoben sie schreiend auseinander, denn sie hielten mich natürlich für ein wildes und gefährliches Tier.«

Baghiras Irrweg

»Stundenlang irrte ich durch die Stadt. Ich kam am Basar vorbei, wo die Waren gestapelt lagen und Händler und Käufer zeternd um den Preis feilschten. Körbe mit leuchtenden Früchten und voll bunter Gewürze gab es da, aber auch Ballen von Tuch, wunderbare Geschmeide, Schmuck und herrliche Gefäße. Doch wo immer ich auch hinkam, flohen die Menschen voller Angst und ließen ihre kostbaren Waren im Stich. Die Frauen, denen die Religion streng verbot, sich ohne Kopfbedeckung zu zeigen, rissen ihre Tücher herunter und rannten mit offenen Haaren die Straße entlang. Plötzlich aber«, fuhr er fort, »hörte ich ein lautes Geschrei. Und dann geschah, was ich längst befürchtet hatte: Eine ganze Schar von Männern kam auf mich zugerannt. Sie trugen Stöcke und Knüppel und feuerten sich gegenseitig an, um sich Mut zu machen ...«

Baghiras erster Kampf

»Jetzt kommt es drauf an! dachte ich bei mir. Jetzt musste ich beweisen, dass ich ein wilder Panther war, der in den Dschungel gehörte, und kein zahmer, verwöhnter Käfigpanther. Obwohl ich es nie geübt hatte, gelang es mir, so laut und bedrohlich zu fauchen, dass mir selbst ganz bange wurde. Ich erhob die Tatzen gegen meine Gegner und knurrte gefährlich. Da ließen die Männer vor Angst ihre Stöcke fallen und rannten davon. Oh, wie stolz war ich da! Zum ersten Mal in meinem Leben hatte ich meine Waffen eingesetzt – und ich hatte gewonnen! Jetzt war ich, Baghira, ein tapferer, wilder, freier Panther, und diese Freiheit würde ich mir nie wieder rauben lassen. So machte ich mich auf den Weg in die Wildnis. Ich verließ die engen Mauern der Stadt und trat hinaus in die Weite des freien Landes. Vor mir erstreckte sich die Ebene des Waigungaflusses, und ganz in der Ferne sah ich den Saum des Urwalds, der heute meine Heimat ist.«

Ankunft im Dschungel

»Erschöpft und durstig erreichte ich endlich den Dschungel, und wie froh war ich, als ich einen Bach entdeckte, aus dem ich Wasser schlürfen konnte. Ihr könnt mir glauben – so gut hat mir in meinem ganzen Leben kein Wasser geschmeckt! Erfrischt ließ ich mich ins Gras sinken, da hörte ich plötzlich neben mir ein tiefes Brummen. ›Holla! Wer ist denn das?‹ fragte eine dicke, zottige Gestalt und legte mir eine riesige Tatze auf die Schulter.« – »Das war Balu!« rief Mogli. »Genau. Es war Balu«, erwiderte Baghira, »und er wurde mein allererster Freund in der fremden Welt des Dschungels. Ich erzählte ihm von meinem Leben in der Stadt und von meiner Flucht. Na, und was meint ihr, was Balu dann tat?« – »Er gab dir etwas zu essen«, kicherte Tapi, »weil Balu immer zuerst ans Essen denkt.« Baghira nickte. »Zum Glück hatte Balu an diesem Tag ein fettes Stück Rind, denn Nüsse oder Honig hätten mir Fleischfresser wohl kaum geschmeckt.«

Bei Balu in der Lehre

»Und so verzehrte ich gemeinsam mit Balu das Rind. Das war meine erste Mahlzeit im Dschungel, und sie war köstlich! Doch dann begann eine harte Lehrzeit, denn ich hatte ja keine Ahnung vom Leben in der Wildnis. Balu war es, der mir die Gesetze des Dschungels beibrachte. Du meine Güte, was hat mich dieser Bär herumgejagt!« – »Musstest du auch immer Honig suchen wie Mogli und wir?« fragte Tapu neugierig. »Nein, nein«, erwiderte Baghira. »Balu hat mir zu allererst beigebracht, wie man jagt und wie man seinen Gegner mit Blicken bezwingt. Er hat mir auch erklärt, wie man sich im Dschungel benehmen muss. Einmal benutzte ich ahnungslos Kaas Lieblingsplatz am Bachbett. Kaa hatte mich schon am Schlafittchen und nur Balus Eingreifen hat mich gerettet.« Und damit schloss Baghira seine Erzählung, denn Mogli und die Wolfskinder waren sehr müde. In dieser Nacht träumten sie von Baghiras Abenteuern.

Streit zwischen Balu und Baghira

Balu und Baghira waren die besten Freunde – jedenfalls meistens. Aber manchmal haben selbst die besten Freunde Streit miteinander, und das galt auch für diese beiden. Keiner wusste später zu sagen, wie die Sache eigentlich angefangen hatte, doch als Mogli auf einem Spaziergang durch den Dschungel zu Balus Höhle kam, zeterten und schimpften die beiden schon nach Leibeskräften.
»Du alter Angeber!« rief Balu gerade. »Selber Angeber«, knurrte der Panther gereizt zurück. »Ich war es doch, der dir das Jagen beigebracht hat!« brüllte Balu und schlug sich auf die Brust. »Ja, und wer schleppt dir faulem Kerl immer die fettesten Fleischbrocken an?« erwiderte Baghira. »Ach was«, maulte Balu, »mein Fleisch kann ich mir auch selbst erbeuten.« – »Das möchte ich mal sehen!« schrie Baghira. »Du bist so dick geworden, dass du nicht einmal mehr eine Maus fangen würdest!« So ging es hin und her, und keiner der beiden wollte einlenken.

Mogli soll entscheiden

»Worüber streitet ihr denn?« fragte Mogli, als er bei den beiden Kampfhähnen angelangt war. Balu machte ein trotziges Gesicht, während Baghira schmollend die Mundwinkel verzog. »Baghira behauptet, er sei stärker als ich«, anwortete Balu. »Das bin ich auch!« erwiderte Baghira – und schon ging es wieder los. Mogli war verblüfft. Wie konnten sie nur über so etwas Albernes streiten! »Unser Freund Mogli soll entscheiden«, meinte Balu. »Sag, Mogli, wer von uns beiden ist der Stärkere?« Doch Mogli wollte sich nicht einmischen. »Jeder von euch hat seine Stärken und Schwächen«, sagte er, »und jetzt hört endlich mit dem Streiten auf!« Damit wollten sich die beiden Streithähne nicht zufrieden geben. Verärgert trollte sich jeder in seine Richtung. Balu tapste beleidigt in seine Höhle, und Baghira marschierte mit hochmütigem Gesichtsausdruck zu seinem Lieblingsbaum.

Verkracht

Traurig ging Mogli zurück zur Wolfshöhle. Jetzt waren seine beiden liebsten Freunde zerstritten, dabei hätte er so gern mit ihnen beiden gemeinsam gespielt! Egal, ob einer von ihnen der Stärkere war – gleich dumm waren sie in jedem Fall! Denn wie konnte sich ein Bär mit einem Panther vergleichen? Natürlich können Panther schneller rennen und klettern, aber Bären können aufrecht gehen und haben ungeheure Kräfte. Und da kam Mogli plötzlich ein glänzender Einfall: Er würde einen Wettkampf veranstalten! Beide sollten gegeneinander laufen, klettern, werfen und aufrecht gehen. Dann würden sie sehen, wie albern ihr Streit war. Aufgeregt rannte Mogli zu Balu. »Wir veranstalten einen Wettkampf, dann wissen wir, wer der Stärkere ist!« rief er. »Eine gute Idee!« brummte der Bär. Dann lief Mogli zu Baghira, und auch der Panther war einverstanden. Natürlich war jeder der beiden sicher, am Ende der Sieger zu sein!

Der Wettkampf

Schiedsrichter Mogli hob den Arm. »Wir fangen mit einem Wettlauf an«, rief er. »Achtung, fertig – los!« Und schon nach wenigen Schritten tapste der behäbige Balu hinter Baghira her, der in eleganten Sprüngen über die Lichtung setzte. »Sieger!« schrie Baghira triumphierend.
»Noch nicht«, erwiderte Mogli, »denn jetzt sollt ihr einen großen Stein werfen.« Diesen Kampf gewann natürlich Balu, der den Stein kraftvoll mehrere Meter weit schleuderte. »Sieger!« rief Balu und klopfte sich auf die Brust.
»Noch nicht!« sagte Mogli, und dann mußten die beiden noch klettern und eine Strecke aufrecht gehen. »Ja, wer ist denn nun der Stärkere?« fragte Balu verdattert. Baghira senkte beschämt den Kopf. »Keiner«, sagte er. »Der kluge Mogli wollte uns beweisen, dass wir beide stark sind – jeder auf seine Weise. Sind wir wieder gut?« Und natürlich schlossen sie Frieden und waren wieder die besten Freunde.

Fleischfressende Pflanzen

Mogli trat näher, um das Geschehen besser beobachten zu können. Und dann entdeckte er erstaunt, dass die Bienen tatsächlich in den Blütenkelchen, die wie kleine Kannen geformt waren, auf Nimmerwiedersehen verschwanden. Angezogen vom süßen Duft der leuchtend roten Blüten flogen die Insekten in das Innere der Kelche. Dann machte es plötzlich Happ!, die Blumen schlossen sich, und die Bienen waren verschwunden. Verblüfft sah Mogli eine Weile zu, dann lief er, um Balu zu suchen. »Balu, Balu!« rief er, »dort hinten auf der Lichtung wachsen Blüten, die Bienen verschlucken!« Balu, der gerade ein Astloch voll Honig entdeckt hatte, wischte sich mit der Tatze über das Maul. »Ja, ich weiß«, antwortete er. »Das sind Fleisch fressende Pflanzen. Allerdings finde ich es nicht gut, wenn sie die nützlichen Bienen verspeisen, die doch für meinen Honig sorgen sollen!« Mogli staunte. Es gab doch immer neue Überraschungen im Dschungel!

Ein versüßter Unterricht

Mogli und die kleinen Wölfe hatten wieder einmal Unterricht bei Balu. Mit ernster Miene tapste der dicke Lehrer vor seiner Höhle hin und her und erzählte den Kindern vom fleißigen und anstrengenden Leben der Bienen. »Und nun wollen wir«, schloss er, »einen kleinen, lehrreichen Ausflug machen. Wir werden die Bienen bei ihrer Arbeit beobachten und dann gemeinsam ein wenig Honig sammeln.« Seufzend erhoben sich die Kinder. Es war stets dasselbe mit Balu – das Wichtigste an seinem Unterricht war das Honigsammeln. – Lustlos stapfte Mogli durch den dämmrigen Regenwald und hielt nach Bienen Ausschau. Eigentlich fand er Honigsuchen langweilig. Endlich sah er einige Bienen schwärmen und folgte ihnen. Zielbewusst flogen die Bienen auf eine Lichtung zu, auf der rote Blumen leuchteten. Mogli beobachtete, wie sie sich auf die Blüten setzten. Doch was war das? Die Bienen verschwanden plötzlich, als hätten die Blumen sie verschluckt!

Mogli hat eine Idee

Lange saß Mogli mit dem Bär und den kleinen Wölfen am Rand der Lichtung und beobachtete, wie die Blumen genüsslich Biene für Biene verspeisten. Balu wurde dabei immer trauriger. »Da geht er dahin, mein köstlicher Honig«, sagte er grimmig. »Diese verfressenen Blumen!« Mogli wusste aus Erfahrung, dass Balu sehr schnell sehr schlechte Laune bekam, sobald er keinen Honig mehr hatte. Und der Unterricht bei einem schlecht gelaunten Balu war nicht gerade angenehm! Darum grübelte er heftig, wie er verhindern konnte, dass die Bienen gefressen wurden, ohne dass die Blumen verhungern mussten. Da kam ihm plötzlich eine außerordentlich gute Idee. »Weißt du was, Balu?« sagte Mogli. »Wenn wir genügend Käfer, Fliegen und Mücken sammeln, mit denen wir die Blumen füttern, wären die Bienen gerettet!« Balu strahlte. »Und mein Honig auch!« lachte er. »Das ist eine wundervolle Idee!«

Schwere Arbeit für Mogli

Oh, das wurde ein harter Tag für Mogli, das könnt ihr mir glauben. Denn Insekten zu fangen ist keine leichte Aufgabe. Die Fliegen surrten blitzschnell davon, die Mücken stachen ihn, und die Käfer verspritzten brennendes Gift. Schon nach ein paar Stunden hatte Mogli ganz rote Hände und Arme, aber er gab nicht auf. Er wollte den Fleisch fressenden Pflanzen unbedingt eine sättigende Mahlzeit bieten, damit sie keinen Hunger mehr auf Bienen hatten! Und kurz bevor die Sonne unterging, brachte er die vielen Kokosnussschalen, in denen er die Insekten gefangen hielt, zur Lichtung mit den hungrigen, leuchtend roten Blumen. Surrend und schwirrend verteilten sich die Insekten auf den Blüten und wurden allesamt gefressen. Die Bienen aber trieb Balu eilig auf ein Orchideenfeld, damit sie ihren Honig dort sammelten. So waren Balus Honigvorräte und auch seine gute Laune gerettet.

Rocco und Rikki, das Papageienpärchen

Gelegentlich traf Mogli, wenn er im Dschungel spazieren ging, zwei freundliche Papageien, mit denen er immer wieder plauderte. Schon oft hatten sie versprochen, ihn einmal an der Wolfshöhle zu besuchen, aber da sie weit weg in einem anderen Teil des Dschungels lebten, war es bisher noch nicht dazu gekommen. Um so mehr freute sich Mogli, als sie eines Tages plötzlich angeflattert kamen und sich in einer großen Platane vor der Wolfshöhle niederließen. »Rocco! Rikki!« rief Mogli hocherfreut. »Da seid ihr ja endlich! Ich habe schon gedacht, ihr hättet mich ganz vergessen!« – »Nein, nein, wie sollten wir dich vergessen, Mogli!« krächzte Rocco und wedelte zur Begrüßung mit seinen langen, bunten Schwanzfedern. »Aber leider haben wir einen traurigen Anlass für unseren Besuch.« – »Was ist denn geschehen?« erkundigte sich Mogli sorgenvoll. Und Rocco erzählte.

Ein Papageienpärchen in Not

»Bei dem schweren Sturm vor einigen Tagen wurde unser Zuhause zerstört«, seufzte der Papagei. »Der Baum, in dem wir lebten, ist umgestürzt. Und obwohl wir uns überall nach einer neuen Unterkunft umgesehen haben, konnten wir nichts finden. Und jetzt wissen wir nicht, wohin.« Rikki, die bis jetzt die meiste Zeit geschwiegen hatte, schüttelte bekümmert den Kopf. »Und das Schlimmste daran ist«, vollendete sie Roccos Bericht, »dass ich bald meine Eier legen muss. Daher brauchen wir unbedingt ein Dach über dem Kopf.« Betroffen lauschte Mogli der Erzählung der beiden Papageien. »Tja, wie könnte ich euch helfen?« überlegte er. »Was für eine Art von Wohnung sucht ihr denn?« – »Gewöhnlich leben wir in Baumhöhlen«, erklärte Rocco. »Aber wir würden uns im Notfall natürlich auch mit etwas anderem zufrieden geben.« Eine Baumhöhle müsste sich doch finden lassen, dachte Mogli. Und er marschierte los, um für Rocco und Rikki eine Unterkunft zu besorgen.

Keine Wohnung frei

Als erstes ging Mogli zu Mang, der Fledermaus, die nach ihrer nächtlichen Jagd schlafend im Baum neben Balus Höhle hing. »Mang«, fragte Mogli vorsichtig, denn sie mochte es gar nicht, wenn man sie tagsüber störte, »weißt du nicht eine Baumhöhle für meine Freunde, die beiden Papageien?« Mang ließ nur ein missmutiges Piepsen hören. »Woher denn?« meinte sie gereizt. »Ich weiß nichts über Baumhöhlen. Du musst Tiere fragen, die selbst in Baumhöhlen leben. Und jetzt will ich schlafen!« Mit diesen Worten legte sie erbost die Flügel zusammen und schlief weiter. Doch wo Mogli auch fragte, alle Höhlen waren bereits von Tieren belegt: In der Platane lebte ein Bienenschwarm, im Affenbrotbaum räkelte sich ein Chamäleon, und im dritten Baum spielte eine ganze Kinderstube voller Makaken-Äffchen. Es gab keine Wohnung für die beiden Papageien!

Balu muss helfen!

Den ganzen Nachmittag war Mogli vergeblich herumgelaufen. Jetzt setzte er sich erschöpft auf einen Stein und dachte nach. Wie konnte er den beiden Papageien nur helfen? Und da kam ihm ein Gedanke. Natürlich! Warum war er nicht gleich drauf gekommen! Balu besaß doch eine wunderbare Baumhöhle, in der er einen Teil seines Nussvorrats aufbewahrte! Diese Höhle würde er für die obdachlosen Papageien bestimmt leer räumen. Froh und aufgeregt rannte Mogli zu seinem dicken Bärenfreund, der gerade ein Verdauungsnickerchen hielt. »Balu, aufwachen!« rief er und zerrte unsanft am zottigen Pelz des Bären. »Was gibts denn?« brummte Balu etwas unwirsch, denn er liebte es gar nicht, wenn man ihn beim Schlafen störte. »Du musst uns helfen, Balu!« erklärte Mogli. »Du kennst doch Rocco und Rikki, das Papageienpärchen? Ihre Baumhöhle wurde beim letzten Sturm zerstört. Kannst du ihnen nicht helfen?«

Eine Wohnung für Rocco und Rikki

»Ja, natürlich kenne ich die beiden«, antwortete Balu. »Aber wie soll ich ihnen helfen?« Mogli deutete auf den großen Baum neben Balus Höhle. »Du bewahrst doch deine Nüsse in einer Baumhöhle auf«, sagte Mogli. »Könntest du sie nicht ausräumen? Wenn Rikki nicht bald in einer Höhle sitzt, muss sie ihre Eier unter freiem Himmel ausbrüten. Bitte, hilf ihnen, Balu!« Doch Balu zögerte. »Wegen der diebischen Affen will ich meine Nüsse nicht mehr in der Höhle aufbewahren. Wo soll ich sie denn unterbringen?« »Wie wäre es, wenn du sie vergräbst?« schlug Mogli vor. »Na, gut, meinetwegen«, stimmte Balu schließlich zu. »Man kann so eine Papageienmutter ja nicht einfach im Stich lassen.« Ja, Balu war eben ein wirklicher Freund! Rocco und Rikki freuten sich sehr, dass sie in Balus Baumhöhle einziehen durften. Das war eine gemütliche Kinderstube für kleine Papageien!

Ein zerstreutes Stachelschwein

Ikki, das kleine Stachelschwein, war ziemlich zerstreut und vergesslich. Gelegentlich passierte es, dass es eine Sache anfing und dann nicht mehr wusste, was es eigentlich tun wollte. So wollte es eines Tages bei Balu ein paar Nüsse erbitten. Als es dann vor Balus Höhle stand, hatte es völlig vergessen, weshalb es eigentlich gekommen war. »Hallo, Ikki, was gibts denn?« fragte der Bär. Da griff sich das kleine Stachelschwein verblüfft an den stachligen Kopf und sagte: »Äh, äh ... das weiß ich nicht mehr. Was wollte ich nur?« Balu lachte. »Geh doch wieder nach Hause, denk nach, und komm noch einmal, wenn es dir wieder eingefallen ist.« Ikki nickte und machte sich wieder auf den Heimweg. »Was wollte ich nur? Ich weiß doch, dass ich etwas wollte ...«, murmelte es vor sich hin. Aber als Ikki endlich zu Hause anlangte, hatte es natürlich längst vergessen, worüber es nachdenken wollte, und die Nüsse fielen ihm ohnehin nicht mehr ein.

Den Kopf in den Wolken

Oft war Ikki auch mit seinen Gedanken woanders und sah nicht genau, wo es hintrat. Da es meist vergessen hatte, wo es seine Vorräte versteckt hatte, war es ständig auf der Suche danach. Geschäftig vor sich hin plappernd lief es auf kurzen Beinen mal hierhin und mal dorthin. »Ich muss doch noch...«, murmelte es und: »Gestern habe ich doch... herrjemine, was ist denn das?!« Und schon war es gestolpert und der Länge nach hingefallen. »Nanu?« wunderte es sich. »Diese Wurzel war doch gestern noch nicht da?« Es rappelte sich auf und lief weiter, aber im nächsten Moment fiepte eine glockenhelle Stimme: »Aua! Kannst du nicht aufpassen, du zerstreutes Stachelschwein?« Es was Mang, die Fledermaus, die gerade friedlich im Baum geschlafen hatte, ehe Ikki in sie hineingelaufen war. »Oh, oh, das tut mir leid, Mang!« entschuldigte sich Ikki betreten. »Ich habe dich gar nicht gesehen!« – »Ja, das habe ich gemerkt«, meinte Mang und zog die zerzausten Flügel zurecht.

Ikki in großer Gefahr

Mittlerweile war auch Ikki am Bach angelangt, genauer gesagt, es war schnurstracks hineingefallen. »Brrr!« machte es und schüttelte sich das Wasser aus den Stacheln, ehe es weitertappte. »Ich wollte doch noch... habe ich eigentlich?... Oder war da nicht...«, redete Ikki vor sich hin, ohne auf den Weg zu achten. Und da hörte es plötzlich ein wütendes Fauchen. Erstarrt blieb es stehen und starrte in ein bösartig funkelndes, gelbes Augenpaar. Shir Khan! Was war passiert? »Ich ... äh ... was ist denn, Herr Tiger?« fragte Ikki angstvoll. Der Tiger brüllte auf, dass man es im ganzen Urwald hören konnte. »Du bist mir auf den Schwanz getreten, du dämliches Stachelschwein! Wenn du nicht so stachlig wärst, dann würde ich dich jetzt fressen!« – »Oh, entschuldigen Sie bitte, Herr Tiger!« rief Ikki da in höchster Panik, machte auf der Stelle kehrt und rannte davon, so schnell es seine kleinen Beine trugen. Da hatte es gerade noch Glück gehabt!

Ikki tappt weiter

»Es ist nur ... ich wollte doch noch ... bitte entschuldige vielmals«, stammelte Ikki. Schon war das kleine Stachelschwein weitergetappt. Kopfschüttelnd sah Mang ihm nach. »Irgendwann wird diesem Ikki einmal wirklich etwas passieren!« prophezeite sie, und sie ahnte nicht, wie recht sie damit haben sollte. Während Ikki kopflos durch den Urwald lief, immer wieder stolperte und schon längst vergessen hatte, dass es eigentlich seine Vorräte suchte, schlich Shir Khan, der alte, gefährliche Tiger, am Bach entlang. Er war den ganzen Tag auf Jagd gewesen, ohne etwas zu fangen, und daher war er entsprechend schlecht gelaunt. Missmutig ließ er sich auf die sonnenwarmen Steine sinken, um ein Schläfchen zu halten. »Vielleicht habe ich danach mehr Glück«, murmelte er und ließ den Kopf auf die Pfoten sinken. Alle Tiere, die den Tiger am Bach liegen sahen, machten vorsichtig einen großen Bogen um ihn.

Die Affen bauen eine Falle

Was war nur heute mit den Affen los? Sie turnten nicht wie sonst schnatternd durch die Bäume, sondern waren emsig bei der Arbeit. Zunächst gruben sie ein großes und tiefes Loch in den Boden. Und dann sammelten sie eine Menge Bambusstöcke, die sie quer über das Loch legten. Und über die Bambusstöcke breiteten sie Äste und Zweige, so dass man weder die Grube noch die Bambusstöcke erkennen konnte. Na, habt ihr erraten, was die Affen da bauten? Ja, ihr habt ganz recht: Es war eine Falle!
Diese Affen hatten doch stets nur Gemeinheiten im Sinn – denn in der Falle wollten sie natürlich Mogli fangen! Hinterhältig kicherte Tschi-Tschi: »Damit bekommen wir den Jungen ganz bestimmt. Und wenn er einmal drin sitzt, kommt er uns nicht mehr heraus.«
Zufrieden betrachteten die Affen ihr Werk und erwarteten gespannt den Augenblick, wenn Mogli in das Loch purzelte. Und Tschi-Tschi malte sich begeistert aus, wie Mogli für sie arbeiten würde.

Wer andern eine Grube gräbt ...

Doch die Affen hatten nicht mit Kaa gerechnet. Sie hatte die freche Horde bei ihrem Treiben beobachtet und ahnte, was die Affen planten. Jetzt würde sie der bösen Affenkönigin einen Denkzettel verpassen!
Als Tschi-Tschi gerade den letzten Ast über das Loch legen wollte, richtete Kaa sich gefährlich vor ihr auf und zischte mit spitzer Zunge: »Hinein mit dir!« Und damit trieb sie die erschrockene Affenkönigin in ihre eigene Falle hinein. »Hilfe!« schrie Tschi-Tschi aus der Grube. »Helft mir, ihr Affen!« – »Dasss werden sie bestimmt nicht tun«, zischte Kaa hämisch. »Du wirst schon sehen!« Und damit schlängelte sie zu ihrem Schlummerstein, um ihren Mittagsschlaf zu genießen.
Und Kaa sollte Recht behalten. Die boshafte Affenhorde rührte keinen Finger, um ihre Königin aus ihrer misslichen Lage zu befreien. Im Gegenteil! Sie genossen es, einmal nicht ihren launenhaften Befehlen ausgesetzt zu sein.

Tschi-Tschi fleht um Gnade
»Affenvolk!« befahl Tschi-Tschi verzweifelt. »Befreit mich sofort aus der Falle, sonst soll es euch schlecht ergehen!« Doch die Affen lachten nur keckernd. »Das fällt uns gar nicht ein!« kreischten sie und bewarfen ihre gefangene Königin mit Nüssen. Tschi-Tschi schrie und tobte. »Ich befehle euch, mich sofort aus der Falle zu befreien!« Sie rüttelte an den Bambusstäben, aber es gelang ihr nicht, sich selbst zu befreien. »Wir sind froh, dass du uns endlich in Ruhe lässt!« riefen die Affen. – Allmählich begriff Tschi-Tschi, dass sie machtlos war, und so verlegte sie sich aufs Betteln. »Bitte, bitte, edles Volk der Affen«, wimmerte sie, »holt mich doch hier heraus. Ich verspreche euch auch eine Belohnung, wenn ihr mich befreit.« Eine Belohnung? Ein paar Affen spitzten die Ohren. »Was gibst du uns, wenn wir dich befreien?« kreischten sie, turnten über der Falle herum und ließen noch einen Schwung Nüsse auf Tschi-Tschi niederprasseln.

Tschi-Tschis Befreiung
Tschi-Tschi dachte nach. Was konnte sie ihrem Volk schon anbieten? Doch dann kam ihr die rettende Idee. »Wenn ihr mich befreit«, sagte sie, »soll euch Mogli gehören. Wir werden ihn fangen, und er soll euer aller Diener sein.« – »Mogli soll für uns arbeiten?« raunten die Affen einander zu. »Das wird ein herrliches Leben!« Und dann öffneten sie die Falle und holten Tschi-Tschi heraus. Aber die Affenkönigin hatte keineswegs vor, ihr Versprechen zu halten. »Ihr unverschämten Affen!« schimpfte sie, sobald sie ihrem Gefängnis entkommen war. »Was fällt euch ein, eure Königin so zu behandeln! Zur Strafe werdet ihr diese Falle augenblicklich wieder zuschütten. Und wer mir nicht gehorcht, wird aus der Affenhorde verstoßen!«
Mit verschränkten Armen hockte Tschi-Tschi sich auf einen Baum, und die Affen machten sich eingeschüchtert an die Arbeit. Mogli aber blieb für diesmal von der Tücke der Affen verschont.

Hathi erzählt eine Geschichte

Hathi, der alte Anführer der Elefanten, erzählte schrecklich gern Geschichten aus längst vergangenen Tagen. Heute saßen Mogli, die drei kleinen Wölfe und Ikki am See, um sich von Hathi etwas Spannendes erzählen zu lassen. »Ach ja, ja, ja, schon mein Großvater hat immer gesagt«, setzte Hathi an – denn so begannen alle seine Geschichten – »was das damals für schöne Zeiten waren.« Versonnen schwieg er eine kleine Weile und spritzte sich etwas Wasser über den Rücken. »Erzähl doch!« drängte Mogli, und die Wolfsbrüder stupsten Hathi mit der Schnauze gegen die Beine. »Ja, ja ...«, fuhr Hathi fort, »das waren schon Zeiten, damals, als mein Ururgroßvater noch lebte. Der war ein toller Kerl.« Und wieder schwieg er, um den vergangenen Zeiten nachzuträumen. »Was hat er gemacht, dein Ururgroßvater?« wollte Tapi wissen. »Welcher Ururgroßvater denn?« fragte das zerstreute Ikki, denn es hatte wieder einmal nicht zugehört.

Ständige Unterbrechungen

»Mein Ururgroßvater«, fuhr Hathi fort und schnaubte durch seinen grauen Rüssel, »ja, mein Ururgroßvater war wirklich ein Kerl! Damals, als die Elefantenjäger kamen...« Doch gerade dann, als Hathi seine Geschichte endlich beginnen wollte, kam Baghira zum See. »Hallo, ihr alle!« begrüßte er fröhlich die versammelten Tiere. »Was sitzt ihr denn alle so trübselig im Kreis? Wollte ihr heute nicht baden gehen?« Hathi schwenkte entrüstet seinen Rüssel. »Ich versuche gerade, eine Geschichte zu erzählen«, erklärte er beleidigt, »aber wenn ich ständig unterbrochen werde, höre ich lieber auf.« »Oh, verzeih, Hathi«, sagte Baghira, »das wusste ich nicht.« Und damit setzte er sich ebenfalls in den Kreis der Zuhörer. Hathi begann von neuem: »Ja, ja, mein Ururgroßvater war ein ganzer Kerl. Damals, als die Elefantenjäger...« In diesem Moment erklang von ferne ein Ruf: »Mogli! Mogli, wo bist du?« Es war Balus Brummstimme.

Ein mühsamer Anfang

Mogli sprang augenblicklich auf, und Hathi hielt inne. »Entschuldige, Hathi«, sagte Mogli und blickte schuldbewusst in die gutmütigen Augen des alten Elefanten. »Aber Balu sucht nach mir. Bitte warte noch, bis wir zurückkommen.« - »Ja, natürlich, lauf nur«, brummte Hathi und klatschte ärgerlich mit dem Rüssel nach einer Fliege. »Ich bin wirklich gespannt, ob ich meine Geschichte heute noch fertig erzählen kann.« Mogli rannte davon, um Balu zu holen. »Schnell, Balu, wir sind alle am See. Hathi erzählt eine Geschichte!« Und eilig kehrte er mit dem dicken Bär zurück, und die beiden reihten sich in den Kreis der Zuhörer ein. »Hm, hm«, räusperte sich Hathi, »also, wie gesagt, mein Ururgroßvater war ein wirklich toller Kerl. Und was hat sich zu seiner Zeit alles ereignet! Ach ja, wenn ich an diese alten Geschichten denke, wird mir ganz wehmütig ums Herz...«

Hathis Geschichte

Wieder machte der alte Elefant eine kleine Pause und blickte versonnen über den See. »Damals hatten die Elefanten noch Größe und Mut, das sage ich euch. Beispielsweise mein Ururgroßvater, damals, als die Elefantenjäger kamen ...« Und während Hathi über die guten alten Zeiten redete, ohne mit seiner Geschichte fortzufahren, senkte sich eine bleierne Müdigkeit über seine Zuhörer. Immer leiser und ferner klangen seine Worte. »Nicht einschlafen«, sagte Mogli noch zu dem kleinen Tapi, dem bereits die Augen zufielen. Doch dann konnte er sich selbst nicht mehr gegen den Schlaf wehren. Mogli wusste nicht, ob es ein Traum war oder Wirklichkeit, als er plötzlich einen uralten Elefanten vor sich sah, der wütend gegen die Elefantenjäger kämpfte. War das nicht Hathis Ururgroßvater? Und da war ja auch Hathi, wie er als kleines Elefantenkind neben seinem Großvater herlief.

Nasses Erwachen

»... und weil er ein ganzer Kerl war, ließ er sich nichts gefallen«, sagte Hathi gerade, als ihm plötzlich die merkwürdigen Geräusche auffielen, die seine Zuhörer von sich gaben. Sie schnarchten, dass sich die Äste an den Bäumen bogen. Das war doch nicht möglich! Erbost holte Hathi mit dem Rüssel eine tüchtige Portion Wasser aus dem See und spritzte seine schlafenden Zuhörer nass, einen nach dem anderen. Brrrr, wie sie da erschreckt aus dem Schlaf fuhren und sich schüttelten. »Ich werde euch lehren, noch einmal bei einer meiner Geschichten einzuschlafen!« schimpfte Hathi. Gerade langte er noch einmal mit dem Rüssel ins Wasser, aber da waren alle Tiere bereits davongerannt. Sie wollten sich nicht noch einmal nass spritzen lassen - und Hathis einschläfernder Geschichte entkommen. Hathi aber zog ab und war drei Tage lang beleidigt.

Tabakis große Entdeckung

Tabaki, der Schakal, war ein enormer Vielfraß, aber selbst auf die Jagd gehen, dazu hatte er keine Lust. Daher musste er sich mit den Resten begnügen, die ihm andere Tiere übrig ließen. Bestimmt könnt ihr euch vorstellen, wie er jubelte, als er eines Tages unverhofft einen fetten Brocken Fleisch fand. »Heißa!« jauchzte er, und das Wasser lief ihm im Mund zusammen. »Was habe ich heute für ein Glück!« Schon wollte er sich heißhungrig auf die verlockende Rinderkeule stürzen, da tönte es auf einmal scharf: »Weg da! Verschwinde!« Und da bohrte sich bereits ein spitzer Schnabel in das Fleisch, weit ausladende Flügel flatterten bedrohlich, und schon hatte Tschil, der Geier, die Rinderkeule an sich gezerrt. »He! Was fällt dir ein!« schrie Tabaki erbost, als er sich vom ersten Schreck erholt hatte. Dieser unverschämte Geier! Nie im Leben würde ihm der Schakal das Fleisch, das er schon vor den Zähnen gehabt hatte, kampflos überlassen!

Streit ums Futter

»Das ist mein Fleisch!« schrie Tabaki entrüstet, sprang auf die Rinderkeule zu und grub seine Zähne in den Knochen. »Schließlich habe ich es vor dir entdeckt!« – »Das ist nicht wahr!« kreischte Tschil. »Du lügst! Ich habe es zuerst gesichtet!« Wütend krallte er sich mit seinen mächtigen Krallen an dem Fleischstück fest und hackte mit dem Schnabel nach Tabaki. »Aua!« schrie Tabaki. »Das ist gemein! Gib mir sofort mein Fleisch zurück!« – »Es ist mein Fleisch!« kreischte Tschil. Als Tabaki wütend nach ihm schnappte, schlug der Geier mit einem seiner großen Flügel nach dem Schakal. »Nein, es ist meins!« heulte Tabaki. »Nein, meins!« schrie wiederum Tschil. Und so hackten und schlugen die beiden, bissen und kratzten, dass die Federn und Fellbüschel nur so flogen – es war die schönste Rauferei. Dabei entfernten sie sich, ohne es zu merken, immer weiter von dem saftigen Fleischbrocken.

Wenn zwei sich streiten ...
Bald waren Tschil und Tabaki, die beiden Streithähne, weit weg ins Unterholz geraten, aber noch immer wollte der eine dem anderen das köstliche Fundstück nicht gönnen. Unterdessen kam Baghira des Weges und sah das Fleisch. »Na, so was«, dachte er, »wieso liegt hier ein saftiges Stück Fleisch herrenlos herum?« Er beschnupperte es erst, ob es auch frisch war, dann riss er mit seinen scharfen Zähnen ein großes Stück ab und legte eine kleine Zwischenmahlzeit ein. »Hallo, Baghira!« brummte jemand neben ihm, und Balu und Mogli traten neben den Panther. Baghira zeigte fröhlich auf das Rindfleisch und sagte: »Das habe ich gefunden. Es ist noch ganz frisch! Darf ich euch einladen?« Das ließen sich Balu und Mogli nicht zweimal sagen. Und so machten sich die drei über das leckere Fleisch her und aßen voller Genuss, bis kein Fetzchen mehr übrig war.

... freuen sich die anderen
Tabaki und Tschil aber rauften immer noch aufs Heftigste. »Meins!« schrie Tabaki, und »Meins!« schrie Tschil, und wenn Tschil mit dem Schnabel hackte, so schnappte Tabaki nach ihm. Endlich rief Tschil erschöpft: »Ich weiß etwas! Wer zuerst beim Fleisch ist, bekommt es!« – »Abgemacht«, rief Tabaki, dem bereits die Zunge aus dem Maul hing. Und schon war er losgehetzt, während Tschil wie ein Pfeil durch die Luft schoss. Doch als sie gleichzeitig bei ihrer Rinderkeule angelangt waren, zogen sie beide lange Gesichter. Denn da lag nur noch ein säuberlich abgenagter Knochen, und daneben saßen grinsend Baghira, Balu und Mogli.
»Das war mein Fleisch!« kreischte Tschil empört. »Das war mein Fleisch!« heulte Tabaki auf. »Naja«, sagte Baghira, »dann könnt ihr euch ja den Knochen teilen. Denn wenn zwei sich streiten ...«
»... freut sich der dritte«, vollendete Balu und klopfte sich zufrieden auf seinen zottigen Bärenbauch.

Ein rätselhaftes Lied

Wenn abends das Wolfsrudel zur Jagd aufgebrochen war, saß Mogli häufig allein am Ufer des Waigunga und lauschte dem Abendlied der Vögel. Manchmal ertönten auch von ferne die Rufe der Dorfbewohner. Eines Tages aber hörte Mogli Klänge, wie er sie noch nie im Leben vernommen hatte. Eine zarte, wunderschöne Melodie tönte durch das weite Flusstal. Verzaubert lauschte Mogli. Welcher Vogel sang da? Mogli sprang auf und lief flussaufwärts in die Richtung, aus der die rätselhaften Töne kamen. Und nach einer Weile sah er vor sich einen kleinen Jungen, der auf einem Stein saß. Der Junge trug einen weißen Turban und aus dem Hölzchen, das er an seinen Mund hielt, kamen die zauberhaften Töne. Durch die weidende Rinderherde ging Mogli auf den Jungen zu, der erschrocken aufblickte, als ein wilder, nackter Junge mit langen Haaren vor ihm stand.

Mogli lernt die Menschensprache

»Tirili«, machte die Flöte, »tirili!« – und die Schwänze der Rinder wedelten im Takt dazu. Doch plötzlich brach die Musik ab, und Sambaai griff nach einem kleinen Stöckchen. »Ich muss zurück ins Dorf«, sagte er. »Zurück ... Dorf«, wiederholte Mogli, doch erst als Sambaai mit dem Stöckchen auf den Leitochsen einschlug und mit lauten Rufen die Rinder zum Dorf trieb, verstand er die Bedeutung der Worte. In der Wolfssprache rief er Sambaai »Auf Wiedersehen!« zu und rannte glücklich in den Dschungel zurück. Er hatte einen Freund gefunden, der ein Mensch war wie er selbst und die Sprache der Menschen sprach! Begeistert stürmte er zu Baghira und erzählte ihm von Sambaai und seiner Flöte. »So, so«, meinte Baghira lächelnd, »das ist ja schön. Lass dir nur alles von ihm beibringen, denn es wird Zeit, dass du das Leben und die Sprache der Menschen kennen lernst.« – »Genau das werde ich tun!« rief Mogli. »Morgen gehe ich wieder zu ihm.«

Der Menschenjunge Sambaai

»Wer bist du?« fragte der Junge in Menschensprache, doch Mogli verstand ihn nicht. Er kannte zwar die Sprachen aller Tiere, der Wölfe und der Bären, der Schlangen, der Geier und der Panther – die Sprache der Menschen aber hatte er noch nie gehört. Darum fragte er in der Wolfssprache zurück: »Wer bist du?« Aber diese Sprache verstand natürlich der Junge nicht. Hilflos zuckte er mit den Achseln. Da zeigte Mogli auf sich selbst und sagte langsam und deutlich: »Mogli.« – »Aha, du heißt Mogli!« Der Junge hatte ihn verstanden. Jetzt deutete er ebenso auf sich selbst und sagte: »Sambaai«. Unbeholfen sprach Mogli den Namen des Jungen nach: »Sambaai.« Dann wies er auf das kleine Hölzchen, das Sambaai in der Hand hielt. »Flöte«, sagte er, »das ist eine Flöte.« So kam es, dass das Wort Flöte das erste Menschenwort war, das Mogli lernte. Während Mogli mehrmals »Flöte« sagte, begann Sambaai wieder zu spielen.

100

Mogli und Sambaai

Jedem, den er traf, erzählte Mogli von seiner neuen Freundschaft, und bald wusste der ganze Dschungel Bescheid. Am nächsten Tag aber wartete Mogli sehnsüchtig auf die Stunde der Abenddämmerung. Während er flussaufwärts über die Wiesen lief, hörte er schon von weitem den süßen, traurigen Klang der Flöte. Wie gestern saß Sambaai auf seinem Stein und blies in sein Instrument. Was aber war das? Fragend zeigte Mogli auf das Feuer, das im Dämmerlicht flackerte. Über dem Feuer hing ein Gefäß, in dem es mächtig blubberte. »Das ist ein Topf... zum Kochen«, sagte Sambaai und legte noch ein Holzscheit nach. Nach einer Weile nahm er den Topf von der Feuerstelle und holte mit einem Löffel den Reis heraus. »Iss!« befahl er Mogli und schüttete ihm ein wenig Reis in die Hand. »Au!« Mogli zuckte zurück. Das war heiß! »Heiß«, grinste Sambaai, und dann aßen sie beide. Noch nie im Leben hatte Mogli etwas Köstlicheres gegessen!

Die Wörter

Von nun an ging Mogli jeden Abend in der Dämmerung zu Sambaai, und täglich lernte er neue Wörter. Bald konnte er alle Dinge in der Menschensprache benennen: die Kuh, die Milch, den Reis, den Topf und das Dorf, Holz, Gras, Wasser, Feld ...
Laut sang er die neuen Wörter vor sich hin, wenn er spät in den Dschungel zurückkehrte. »Milch! Huhn! Affe!« sang er. »Affe! Affe! Affe!« Die Tiere des Urwalds beobachteten ihn staunend. »Oh, wie gescheit unser Mogli ist!« riefen sie einander voller Bewunderung zu. »Er lernt sogar die Menschensprache!« Doch auch Sambaai hatte in Mogli einen vorzüglichen Lehrer gefunden. Er lehrte ihn wie ein Panther zu brüllen, wie ein Bär zu brummen, wie ein Wolf zu heulen, wie eine Schlange zu zischen und wie ein Geier zu schreien. Abend für Abend saßen die beiden einträchtig zusammen und brachten sich gegenseitig neue Sprachen bei.

Sambaai erzählt vom Dorf

Bald beherrschte Mogli die Menschensprache so gut, dass er verstand, was Sambaai ihm über das Dorfleben erzählte. Oh, wie aufregend und seltsam erschien Mogli das Leben der Menschen! Im Dorf gab es zwar einen Dorfältesten, der wie Akela oder Hathi die Versammlungen leitete, und auch eine Schule, in der die Kinder lernten, aber als Mogli in Erinnerung an Balus Unterricht fragte: »Müsst ihr auch Honig sammeln?«, da lachte Sambaai. »Nein, wir lernen rechnen und schreiben«, erklärte er. Weil die Dorfbewohner nicht wie Mogli nackt und mit langen Haaren herumliefen, gab es einen Barbier, der die Haare stutzte, und einen Schneider, der Hosen und Röcke nähte. Eines Abends fragte Sambaai plötzlich: »Warum ziehst du eigentlich nicht zu uns ins Dorf? Dann wären wir den ganzen Tag zusammen!« Mogli aber schüttelte den Kopf. »Ich gehöre in den Dschungel«, sagte er, »ich kann doch meine Freunde nicht im Stich lassen.«

Ein Leben im Dorf?

An diesem Abend war Sambaai beim Abschied traurig, und Mogli blickte ihm lange nach, ehe er sich grübelnd auf den Weg zurück in den Dschungel machte. Vielleicht sollte er doch einmal ausprobieren, wie es war, als Mensch im Dorf zu leben? Unterwegs begegnete ihm Baghira, der missmutig dreinblickte. »Na, Mogli«, meinte der Panther, »mir scheint, du bist mindestens so schlecht gelaunt wie ich! Mir ist gerade ein fetter Hirsch durch die Lappen gegangen, und das hat mir gewaltig die Petersilie verhagelt.«
»Ach, Baghira«, seufzte Mogli, »Sambaai hat mich gefragt, ob ich nicht ins Dorf ziehen möchte. Ich habe abgelehnt, aber jetzt weiß ich nicht mehr so recht. Vielleicht sollte ich es doch tun ...«
Baghira setzte eine nachdenkliche Miene auf. »Tja, Mogli«, sagte er schließlich, »ich habe mir schon gedacht, dass dieser Augenblick einmal kommen würde.«

Schwerer Entschluss

Baghira blickte Mogli ernst an und sagte: »Ich finde, du solltest Sambaais Einladung annehmen und ins Dorf ziehen.« Mogli erschrak. »Meinst du wirklich?« fragte er. »Ich soll den Dschungel verlassen?« »Ja«, erwiderte Baghira, »ich finde, es ist eine gute Gelegenheit, ein Leben zu beginnen, das für einen Menschen passend ist. Du solltest es dir ernsthaft überlegen.« Mogli war schwer ums Herz, als er zurück zur Wolfshöhle ging. Stundenlang wälzte er sich auf seinem Lager hin und her. Hatte Baghira recht? Musste er leben wie die Menschen, nur weil er ein Mensch war? Aber weshalb sollte er es nicht einfach einmal ausprobieren? Vielleicht war das Leben im Dorf ebenso lustig wie das Leben im Dschungel – und hatte er nicht einen sehr guten Freund unter den Dorfbewohnern? »Na gut«, murmelte Mogli, »ich werde es versuchen. Morgen verlasse ich den Dschungel und ziehe ins Dorf.«

Moglis Abschied

Mogli bat den alten Akela, eine Versammlung aller Tiere einzuberufen, und aus allen Himmelsrichtungen kamen die Tiere erwartungsvoll herbeigelaufen. Was konnte so wichtig sein, dass Mogli es allen zugleich erzählen wollte? Und dann kletterte Mogli auf einen Felsen. »Meine Freunde«, begann er und blickte in die gespannten Gesichter seiner Zuhörer, »ich werde zu Sambaai ins Dorf ziehen.« Zunächst herrschte erschrockenes Schweigen, und dann redeten alle durcheinander. »Was?« – »Warum denn?« riefen die Tiere. Mogli senkte den Kopf: »Ich bin ein Mensch und muss unter Menschen leben.« – Viele der Tiere schluchzten laut, während sie in einer langen, traurigen Prozession Mogli zum Rand des Dschungels begleiteten. Dort umarmte Mogli jeden Einzelnen noch einmal, und dann ging er langsam am Fluss entlang auf das Dorf zu.

Mogli kommt ins Dorf

Still lag das Dorf in der Mittagshitze, als plötzlich ein kleiner, nackter Junge mit langen Haaren mitten auf dem Dorfplatz stand. »Was ist denn das für ein Wilder?« raunten sich die Dorfbewohner erschrocken zu, als sie aus ihren Hütten blickten und den Jungen entdeckten. »Wir müssen ihn vertreiben!« Mit lautem Geschrei stürmten sie auf den Dorfplatz. »Ein Wilder!« schrien sie, und manche riefen sogar: »Ein böser Geist!« Doch da stand schon Sambaai neben Mogli und legte ihm den Arm um die Schultern. »Tut ihm nichts!« rief er. »Das ist Mogli, mein bester Freund! Er ist bei den Wölfen aufgewachsen und spricht die Sprachen der Tiere!« – »Ein Wolfskind«, sagten die Bauern ungläubig, »ein richtiges Wolfskind.« Sambaai nickte. »Ja, aber Mogli kann auch unsere Sprache«, erklärte er.
Ganz leise zupfte Mogli seinen Freund am Ärmel. »Ich bin gekommen, um im Dorf zu leben«, sagte er zu Sambaai.

In Sambaais Hütte

Sambaai tat einen kleinen Freudensprung, und seine Rinder, die Mogli gut kannten, drängten sich um die beiden. »Ich freue mich, dass du bei uns bleiben willst!« muhte Tonka, die gescheckte Kuh. Und dann betrat Mogli mit staunenden Augen zum erstenmal eine Hütte, in der Menschen lebten. Da gab es einen Tisch und einen Herd, es gab Schlafstellen und weiche, bunte Sitzkissen und für jeden eine eigene Essschale! »Setz dich zu uns, Mogli«, sagte Sambaais Mutter freundlich, »Sambaai hat uns schon viel von dir erzählt.« Sie reichte Mogli eine Schale mit Reis und Gemüse, und hungrig stopfte sich Mogli das ungewohnte Essen in den Mund. Dabei schmatzte er laut, wie er es von den Wölfen kannte. »Mogli, Menschen schmatzen nicht«, ermahnte ihn Sambaais Mutter freundlich. Es war das erste von vielen Dingen, die Mogli im Dorf lernen musste.

Mogli beim Barbier

»Wir sollten dir die langen Haare abschneiden lassen«, sagte Sambaais Mutter nach dem Essen. Mogli erschrak, aber Sambaai sprang bereitwillig auf. »Ja, komm mit, Mogli«, rief er. »Tut das weh?« fragte Mogli ängstlich. Sambai lachte. »Überhaupt nicht!« Aber Moglis Herz klopfte, als er die Stube des Dorfbarbiers betrat. Als der Barbier Mogli sah, ließ er entgeistert die Schere fallen und stotterte: »Was solls sein, werter Herr?« - »Einmal Haareschneiden!« erklang die kecke Stimme Sambaais, und er führte Mogli zu einem der vielen Kissen, die auf dem Boden lagen. Schnipp, schnapp, machte es, und Strähne für Strähne fiel Moglis schwarzes Haar zu Boden. Als der Barbier fertig war, zog er eine glänzende Scheibe hervor, und Mogli erblickte zum erstenmal sein Ebenbild in einem richtigen Spiegel. Noch ehe Mogli sich von dem Anblick seines kurz geschorenen Kopfes erholt hatte, sagte Sambaai schon: »Komm, jetzt gehen wir zum Schneider.«

Beim Schneider

Der Schneider lebte am anderen Ende des Dorfes. »Einen Turban und eine Hose für Mogli«, verlangte Sambaai, und dienststeifrig schleppte der Schneider einen riesigen Stapel leuchtend bunter Stoffe an. »Was darfs denn sein?« fragte er. Mogli fiel die Entscheidung nicht leicht. »Ich will einen gelben Turban und eine rote Hose«, sagte er schließlich, »und dazu eine purpurfarbene Jacke.« - »Sehr wohl«, murmelte Rami, der Schneider, und dann nahm er ein langes Meterband und maß Mogli von Kopf bis Fuß aus. Endlich war er fertig, und die beiden Jungen gingen weiter zum Schuster. Doch als dieser, ein riesiger Mensch mit einer enorm langen Nase, Moglis Füße in zwei harte Kisten pressen wollte, war Mogli mit seiner Geduld am Ende. »Damit kann ich doch nicht laufen!« rief er und schleuderte die Schuhe empört von sich. »Wenigstens meine Füße sollen frei bleiben!« rief er und rannte davon.

Mogli muss arbeiten

»Jetzt siehst du wie ein richtiger Mensch aus«, sagte Sambaais Mutter zufrieden, als die Jungen zurückkehrten. »Jetzt wird dir Sambaai zeigen, welche Arbeiten du verrichten musst.« Und damit begann eine schwere Zeit für Mogli, denn die Menschen im Dorf müssen hart arbeiten, um zu leben. Zusammen mit den Frauen trug Mogli die Eimer zum Fluss, um Wasser zu holen, und er lernte, den Hof vor der Hütte sauber auszukehren. Dann begleitete er Sambaai in den Stall, um die Kühe zu melken und den Mist zu entfernen. Dann wurde das Holz gehackt, und anschließend pflügte er gemeinsam mit Sambaai auf dem Feld. »Hoh!« und »Heh!« riefen die beiden, während sie den schweren Pflug, den die Ochsen zogen, in die rissige Erde drückten. Die armen Tiere! dachte Mogli dabei. Sie müssen genauso schwer arbeiten wie ich. Wie herrlich ist da doch das Leben im Dschungel!

Trauer im Dschungel

Ach, wie traurig waren die Tiere, nachdem Mogli sie verlassen hatte, um ins Dorf zu ziehen. Selbst die Affen, die ihn doch immer geärgert hatten, vermissten ihn so sehr, dass sie manchmal sogar das Schnattern vergaßen. Kaas Schlängeln hatte allen Schwung verloren, Hathis Trompetenstöße dröhnten trübsinnig durch den Dschungel, und Tschils Flügelschlag war langsam und voller Schwermut. Am trübseligsten aber waren Moglis engste Freunde – Baghira, Balu und die Wölfe. Mutter Wolf hatte vor lauter Traurigkeit immerzu schlechte Laune und schimpfte die kleinen Wölfe viel häufiger als sonst. »Mit meiner eigenen Milch habe ich es aufgezogen, das Menschenjunge«, sagte sie Abend für Abend seufzend zu ihrem Mann, »und dann verschwindet es plötzlich, von einem Tag auf den anderen.« Und bittere Tränen liefen ihr über die Wangen, denn sie hatte Mogli so lieb wie ihre eigenen Söhne.

Ein Vielfraß ohne Appetit

Auch Moglis Wolfsbrüder träumten jede Nacht von Mogli – von den Spielen am Bach, vom Unterricht bei Balu und von all den kleinen und großen Abenteuern, die sie mit ihrem Menschenbruder bestanden hatten. – Doch am allermeisten litt der gute Balu, Moglis bester Freund im Dschungel. Seit Mogli den Urwald verlassen hatte, brachte er, der sonst so ein Vielfraß war, keinen einzigen Bissen mehr hinunter. »Du musst etwas essen, Balu«, sagte Baghira jetzt häufig zu dem Bären, und setzte ihm allerlei Leckerbissen vor. Aber Balu wollte nicht. »Warum hast du Mogli nur zugeredet, dass er ins Dorf ziehen soll!« warf er dem Panther immer wieder vor, und bekümmert ließ Baghira den Kopf hängen. Ach, auch er fühlte keine rechte Lebenslust mehr, seit Mogli bei den Menschen lebte! Und auch er hatte sich in den letzten Tagen oft gefragt, ob es richtig gewesen war, Mogli zu seinem Entschluss zu ermuntern.

Erinnerungen

»Ach, Mogli fehlt mir so sehr«, jammerte der Bär. Er saß mit Baghira, Ikki, Kaa und den kleinen Wölfchen vor der Bärenhöhle, und sie redeten von Mogli. »Wisst ihr noch«, fragte Balu, »wie Tapi damals den kleinen Mogli gefunden hat? Ich kann mich noch genau erinnern«, fuhr er fort, »wie ich ihn zum erstenmal in meinen Tatzen gehalten und gewärmt habe.« – »Ach ja...«, fiel Baghira ein, »das waren schöne Zeiten. Könnt ihr euch noch erinnern, wie die freche Tschi-Tschi unseren Freund entführt hatte? Der arme Junge! Stundenlang musste er im Affenbrotbaum sitzen und die Affenkönigin lausen! Ha, und dann haben wir ihn befreit. Wisst ihr noch?« – »O ja«, sagte Kaa, »da war ich auch dabei. Und damals beim großen Regen, als Mogli Tapu aus der Falle befreit hat, das weiß ich noch gut!« – »Ach«, seufzte Balu, »was war er nur für ein lieber, mutiger Junge!« – So saßen die Freunde viele Abende zusammen und erinnerten sich wehmütig an Mogli.

Heimliche Ausflüge

Hätte Mutter Wolf je erfahren, was ihre drei kleinen Söhne nachts unternahmen, dann hätte es wohl eine große Tracht Prügel gesetzt. Als Tapi, Tapo und Tapu nämlich eines Nachts wieder einmal nicht einschlafen konnten, weil sie ständig an Mogli denken mussten, machte Tapi einen Vorschlag. »Wir könnten doch heimlich zum Dorf laufen«, flüsterte er, »und nachsehen, wie es Mogli geht.« Begeistert stimmten seine Brüder zu, denn ihre Sehnsucht nach Mogli war so groß, dass sie alle Angst und Vorsicht vergaßen. Nicht einmal der Große Wu konnte sie von ihrem Entschluss abhalten – sollte er doch herumgeistern, so viel er wollte! So schlichen die drei kleinen Wolfsbrüder auf leisen Pfoten an ihren schnarchenden Eltern vorbei. Und dann trabten sie gemeinsam durch die finstere Nacht des Dschungels, durchquerten mutig die große Flussebene und erreichten schließlich das Dorf.

Mogli unter freiem Himmel

»Wo mag wohl seine Hütte sein?« flüsterte Tapo aufgeregt und blickte auf die dunklen Fensterhöhlen. »Da, da!« rief Tapu. »Ich sehe Mogli!« Tatsächlich! Da lag ihr Bruder unter freiem Himmel vor einer Hütte und schlief fest! Oh, wie schön war es, ihn zu sehen – wenn auch nur aus der Ferne. Denn in das Dorf hineinzulaufen und Mogli aufzuwecken, das trauten sich unsere Wölfchen nun doch nicht. »Warum schläft er denn nicht in der Hütte?« fragte Tapi verwundert. »Vielleicht haben sie keinen Platz für ihn«, vermutete Tapu. Da hörten sie plötzlich ein lautes Flügelschlagen, und dann schrie der Dorfhahn: »Kikeriki!« Kurz darauf flammten einzelne Lichter in den Hütten auf, und Töpfe klapperten. »Wir müssen sofort zurück«, sagte Tapu. »Hoffentlich schlafen die Eltern noch!« Flink wie die Wiesel trabten die Wölfchen wieder zur Wolfshöhle. Und von da an schlichen sie sich jede Nacht zum Dorf, um Mogli wenigstens von ferne zu sehen.

Unter freiem Himmel

Nun wollt ihr sicher wissen, weshalb Mogli nicht in der Hütte schlief. Ganz einfach: Er konnte sich nicht an feste Hauswände, ein Strohdach über dem Kopf und ein hartes Bett gewöhnen. Die Hütte war stickig und durchzogen vom Rauch des Herdfeuers, und Mogli fehlte das warme, weiche Fell seiner Wolfsbrüder. So schlich er sich schon in der ersten Nacht hinaus, um unter freiem Himmel zu übernachten. Dann lag er unter dem hellen Sternenhimmel und dachte an seine Freunde im Dschungel. Anfangs schimpfte Sambaais Mutter, wenn er morgens beim ersten Hahnenschrei die Hütte betrat. »Mogli! Wo kommst du denn her!« rief sie. Doch Sambaai kam seinem Freund zu Hilfe. »Bitte, Mutter, erlaub es ihm«, bat er. »Er ist doch an das Leben in der Wildnis gewöhnt.« Und schließlich gab die Mutter nach, und Mogli richtete sich vor der Hütte ein kleines Strohlager ein.

Harte Arbeit

Und um der Wahrheit die Ehre zu geben: Mogli hatte das Dorfleben inzwischen gründlich satt. »Ich muss immer nur arbeiten«, beklagte er sich bei Tonka, der gescheckten Kuh. »Mein Leben besteht aus Holzhacken, Rinder hüten, Hof kehren und Feldarbeit. Ach, wie schön war es doch im Dschungel.« Und mit jedem Tag sehnte er sich heftiger nach seinem freien Leben in der Wildnis zurück. Was wohl Balu jetzt gerade tat? Und die kleinen Wölfe? Und Baghira, Kaa, Hathi, Biffi, Ikki und all die anderen? »Ach, Balu«, seufzte er eines Nachts, »wie gerne säße ich jetzt bei dir in der Bärenhöhle! Wir würden Honig essen, bis wir übersatt sind, und dann würdest du mir eine Geschichte erzählen.« Oh, er hatte so schreckliches Heimweh! »Was ist nur mit dem Jungen los«, wunderte sich Sambaais Mutter. »Er hat gar keinen Appetit mehr! Nicht einmal den süßen Reispudding mit Mandeln wollte er essen!«

Ein mutiges Wölfchen

Wieder einmal lag Mogli nachts unter freiem Himmel. Da stupste ihn plötzlich eine feuchte Schnauze an, und ein warmer, wohlvertrauter Geruch umgab ihn. Verwundert schlug Mogli die Augen auf. Es war Tapu! Überglücklich umarmte Mogli seinen Wolfsbruder. »Tapu, was machst du denn hier?« fragte er flüsternd. Tapu schniefte vor Wiedersehensfreude und sagte: »Ich habe solche Sehnsucht nach dir gehabt. Und darum habe ich meinen Mut zusammengenommen und bin ins Dorf geschlichen.« – »Ach, Tapu, ich bin ja so froh, dich zu sehen!« sagte Mogli. »Wie geht es den anderen Tieren? Was macht Balu? Baghira? Kaa?« Tapu schmiegte sich zärtlich an ihn. Dann begann er zu erzählen, wie dünn Balu vor lauter Kummer geworden sei und dass Baghira nur noch wehmütig und mit eingezogenem Schwanz durch den Dschungel schleiche. »Wir wünschen uns alle, dass du zurückkommst«, endete er seinen Bericht.

Moglis Entschluss

Der Morgenstern war eben aufgegangen, da hatte Mogli seinen Entschluss gefasst. »Tapu, ich gehe mit dir zurück in den Dschungel«, flüsterte er, »noch heute Nacht.« Winselnd vor Freude leckte Tapu ihm das Gesicht. »Komm schnell«, sagte Mogli, »bevor der Hahn kräht und alle aufweckt.« Zusammen mit dem Wolf schlich er durch das dunkle, stille Dorf, und dann ging es in flottem Wolfstrab über die Wiesen und Felder. Oh, wie war es schön, wieder neben einem Bruder zu laufen und die herrliche Freiheit zu fühlen! Mogli klopfte das Herz vor Freude und Aufregung. »Leb wohl, Dorf!« schrie er übermütig. »Ich kehre zurück in den Dschungel!« Und jauchzend riss er sich den Turban vom Kopf. Als sie schließlich den Rand des Urwalds erreichten, warteten dort angstvoll Tapo und Tapi, die sich um ihren Bruder sorgten. »Mogli!« riefen sie beide wie aus einem Munde. War das ein Empfang!

Zurück im Dschungel

Noch vor Tagesanbruch war die Nachricht von Moglis Rückkehr schon in aller Munde. Kreischend vor Freude flog Tschil durch den Dschungel und krächzte: »Mogli ist wieder da, Mogli ist wieder da!« Und alle, alle kamen angerannt. Baghira setzte in schnellem Trab über Stock und Stein, Kaa glitt mit blitzender Zunge durchs Unterholz, und Balu tapste durch die Büsche, so schnell er nur konnte. Mit lauten Fanfarenstößen trampelte Hathi durchs Dickicht, und Mutter Wolf empfing den verlorenen Sohn mit Tränen in den Augen vor der Wolfshöhle. »Mogli! Mogli!« tönte es von allen Seiten, und noch ehe die Sonne aufgegangen war, war unser Mogli von all seinen Freunden umringt. Gerührt drückte Balu seinen Freund an die zottige Brust und schluchzte leise vor Rührung. Baghira stupste ihn immer wieder mit der Schnauze an, und selbst die Affen in den Bäumen keckerten freudig. An diesem Tag feierten die Tiere ein großes Wiedersehensfest.

Dschungelbabys

Die schönste Jahreszeit im Dschungel ist der Frühling. Denn da bekommen die meisten Tiere Kinder, und es wimmelt nur so von kleinen, süßen Elefantenbabys, von winzigen Äffchen und tolpatschigen Nilpferdchen. Am niedlichsten aber fand Mogli die kleinen Vogelbabys, die ganz nackt und schutzlos in ihren Nestern hockten und gierig ihre Hälschen streckten. Deshalb machte er sich in diesem Frühjahr täglich auf den Weg zu Balus Baumhöhle. Dort wohnte nämlich immer noch das Papageienpärchen Rocco und Rikki, das auf das Schlüpfen seiner beiden Papageienkinder wartete. Geduldig hockte Rikki tagaus, tagein auf den Eiern, während der werdende Vater eifrig Körner sammelte. »Ist es noch immer nicht so weit?« fragte Mogli immer wieder. Er half Rocco bei der Nahrungssuche, denn er fand dieses Ereignis beinahe ebenso aufregend wie die Papageieneltern.

Kaa, die gierige Schlange

Eines Morgens hatte Rikki großen Hunger. »Die Sonne ist doch noch nicht einmal aufgegangen«, murrte Rocco, doch weil er ein gutmütiger Ehemann war, machte er sich verschlafen auf, um für Rikki ein paar Körner zu holen. Mit knurrendem Magen starrte Rikki aus der Baumhöhle ins Morgengrauen. Wo Rocco nur blieb? Sorgenvoll flatterte sie mit den Flügeln – doch um keinen Preis hätte sie ihre Eier verlassen. – Während das Papageienweibchen wartete, glitt ein goldbraun gemusterter Schlangenkörper durchs Unterholz. »Sssssehr lecker!« zischte Kaa. Vogeleier waren Kaas Lieblingsspeise, und das Wasser lief ihr im Munde zusammen, denn sie wusste genau, dass unter Rikkis Bauch zwei Eier lagen! Und Rocco war nicht zu Hause. »Heisssa«, murmelte Kaa und begann sich leise, leise am Baumstamm hochzuwinden. Ja, Kaa war leise, aber nicht leise genug. Denn es gab ein Tier, das sie hören konnte, und zwar Mang, die Fledermaus.

Ikki, der Held des Tages

Und dann erblickte es die Riesenschlange, die sich bereits züngelnd um den ersten Ast wand. »Na warte, Kaa!« rief Ikki grimmig und schlug seine scharfen Nagezähne in Kaas Schwanzspitze. »Au!« schrie Kaa am vorderen Ende, und zwei zornfunkelnde Schlangenaugen glühten Ikki an. Wollte dieses kleine Stachelschwein es wirklich mit Kaa, der Riesenschlange, aufnehmen? Kaa rollte ihre magischen Augen, um Ikkis Willenskraft zu brechen, doch das kleine Stachelschwein machte die Augen zu und ließ nicht locker. Dennoch war es ein Glück, dass gerade Baghira des Weges kam. »Kaa! Wirst du wohl Rikkis Eier in Frieden lassen!« brüllte er so laut, dass der ganze Dschungel erwachte. Erschrocken hielt Kaa inne. Nein, mit Baghira wollte sie sich nicht anlegen. Seufzend ließ sie sich ins Gras plumpsen. »Dann eben keine Eier«, murmelte sie bedauernd und schlängelte zum Bach. Das tapfere Ikki aber wurde von den Tieren als Held gefeiert.

Mangs Hilferuf

»Zu Hilfe, zu Hilfe!« fiepte Mang mit ihrer dünnen Fledermausstimme. »Hört mich denn niemand? Kaa will Rikkis Eier fressen!« Aufgeregt flatterte sie mit ihren braunen, durchsichtigen Fledermausflügeln übers Gebüsch hinweg. »Zu Hilfe! Zu Hilfe!« rief sie immer wieder. Doch Mangs Stimme war so fein, dass die Tiere nichts hörten und seelenruhig weiterschliefen. Was nun? Mang spitzte die Ohren. War da nicht ganz in der Nähe ein nagendes Geräusch? Das musste Ikki sein, das Stachelschwein, das an einer Baumrinde knabberte. Wie ein Pfeil schoss Mang durchs Dickicht und setzte sich ganz nah neben Ikkis Ohren. »Ikki!« rief sie, so laut sie konnte, »Rikki, das Papageienweibchen, ist in großer Gefahr! Kaa will ihre Eier stehlen!« Oh, hoffentlich hatte Ikki heute nicht seinen zerstreuten Tag! Doch siehe da, schon tappelte es hurtig auf seinen kurzen Beinchen zu Rikkis Baumhöhle. »Ich werde kämpfen!« rief es voller Tatendrang.

Das Verbot

Seit Mogli wieder im Dschungel lebte, herrschte bei Familie Wolf eitel Sonnenschein. Mutter Wolf war so strahlender Laune, dass sie den Kindern viel mehr als sonst erlaubte. Abends durften sie länger im Freien spielen, und beim Essen bekamen sie meist noch eine Extraportion. Nur eines blieb nach wie vor streng verboten: Die Kinder durften nicht an den Versammlungen des Rudels teilnehmen. Da mochten Tapi, Tapo, Tapu und Mogli noch so viel betteln - es half alles nichts. »Der alte Akela gestattet es nicht, dass Kinder zur Ratsversammlung kommen«, erklärte Mutter Wolf mit strenger Miene. »Das wäre ja auch noch schöner! Ihr könnt doch keine fünf Minuten still sitzen! Nein, nein, wenn sich das Rudel versammelt, so ist das eine sehr ernste und wichtige Angelegenheit, bei der wir nicht gestört werden dürfen.« In diesem Punkt blieb Mutter Wolf unnachgiebig.

Bei Vollmond

Einmal im Monat, wenn der Mond groß und voll über dem Dschungel steht, sitzt das ganze Rudel um seinen Anführer Akela und bespricht alle wichigen Fragen. Nun, heute war Vollmond, und kurz vor Mitternacht brachen Vater und Mutter Wolf zum Versammlungsplatz auf. Zuvor warfen sie aber noch einen Blick auf die vier Kleinen, die leise schnarchend auf dem Höhlenboden lagen. »Sie schlafen ganz fest«, wisperte Mutter Wolf ihrem Mann zu und verließ auf leisen Pfoten die Höhle. - Aber da hatte sie sich gründlich getäuscht! Denn kaum waren die Eltern verschwunden, begannen die Wölfchen und Mogli zu kichern und zu rascheln. »Gleich gehts los!« jauchzte Tapi und hopste durch die Höhle. »Wartet noch ein bisschen«, flüsterte Mogli, »sonst können sie uns hören!« Na, könnt ihr euch denken, was unsere Freunde in dieser Nacht vorhatten?

Die Versammlung

So ist das eben: Wenn etwas verboten ist, dann macht es erst recht Spaß. Deshalb hatten die Wolfskinder und Mogli beschlossen, heimlich an der Ratsversammlung teilzunehmen. »So klein sind wir gar nicht mehr!« erklärte Tapo. »Und wenn sie uns nicht dabeihaben wollen, dann schleichen wir uns eben ein!« So tappte er mit seinen Geschwistern zum Versammlungsstein, um den vierzig graue Gestalten saßen. »Ich klettere auf den Baum«, sagte Mogli und wies auf eine hohe Platane, deren Stamm im Mondlicht glänzte. Ganz leise kletterte Mogli auf den Baum, während sich seine drei Wolfsbrüder im Gebüsch versteckten. Und dann lauschten sie der Versammlung. - »Nun wollen wir abstimmen, ob Rakti weiter mit zur Jagd muss«, sagte Akela mit gewichtiger Stimme. »Bedenkt, er ist alt und nicht mehr der Schnellste. Wer einverstanden ist, dass Rakti in Zukunft vom Rudel versorgt wird, hebe eine Pfote!«

Das Rudel stimmt ab

Da reckten vierzig graue Wölfe die Hälse, und jeder hob eine Pfote. Ein leises Murmeln war zu hören, und dann war es schlagartig wieder so still, dass man nur mehr das leise Rascheln des Windes hörte. Mogli und die Brüder hielten den Atem an. »Dieser Antrag wurde einstimmig angenommen«, stellte Akela fest. »Bist auch du dafür, Baghira?« wandte er sich an den Panther, der als Berater und Freund an den Versammlungen teilnahm. »Ja«, antwortete dieser und ließ ein leises, zustimmendes Knurren hören. Rakti strahlte. »Ich danke euch, Wölfe«, sagte er mit Würde und strich sich durch die grauen Barthaare, »für eure Güte und Großzügigkeit.« – Oh, wie war das spannend! Neugierig kletterte Mogli ans äußerste Ende seines Astes. »Als nächsten Punkt möchte ich ...«, begann Akela, da machte es plötzlich »kratsch!« und ein kleiner Junge landete unsanft mitten auf dem Versammlungsplatz des Rudels.

Schelte für Mogli

»Mogli!« schrie Mutter Wolf entrüstet. »Was machst du denn hier? Ich habe dir doch streng verboten, zur Versammlung zu kommen!« Mogli rieb sich sein schmerzendes Hinterteil. »Was für ein ungezogener Bengel«, schimpfte der alte Akela und wandte sich an Mutter Wolf. »Bring deinen Sohn sofort zurück zur Höhle«, befahl er, »und pass in Zukunft besser auf ihn auf!« Das wurde ein unangenehmer Heimweg für Mogli, denn Mutter Wolf hörte nicht auf, mit ihm zu schimpfen. »Ins Bett mit dir!« sagte sie mit grimmiger Miene, als sie in der Höhle angelangt waren. »Nimm dir ein Beispiel an deinen Brüdern! Die würden nicht im Traum daran denken, sich bei der Ratsversammlung einzuschleichen!« Tatsächlich! Da lagen die drei und taten so, als schliefen sie tief und fest. Na wartet, das werdet ihr noch büßen, dachte Mogli.

Moglis Rache

Einige Tage waren vergangen, und die kleinen Wölfe hatten das nächtliche Abenteuer längst vergessen. Doch Mogli sann noch immer auf Rache. Und als ihm Baghira einen hübschen Fleischbrocken überließ, beschloss er, seinen Brüdern einen Streich zu spielen.
»Rache ist süß«, murmelte Mogli und band eine dünne Liane an das Fleischstück. Dann setzte er sich ins Gebüsch und wartete ab, bis die kleinen Wölfe vorbeikamen.
»Ihr werdet euch wundern«, dachte er und rieb sich die Hände vor Schadenfreude. Lang musste er nicht in seinem Versteck ausharren, denn schon bald kamen die Wölfchen angetollt. Tapi zog gierig die Lefzen hoch, als er das Fleisch sah. Doch was war das? Das Wölfchen stutzte. Gerade als es sich hungrig darüber hermachen wollte, machte es schwupp!, und das Fleischstück hüpfte, wie von Geisterhand geführt, durch die Luft.

Das Geisterfleisch

Mogli aber saß im Gebüsch und lachte sich heimlich ins Fäustchen. »Ist vielleicht der Große Wu in der Nähe?« fragte Tapi ängstlich, als er erneut vergeblich nach dem hüpfenden Fleisch schnappte.
»Unsinn!« antwortete Tapo. »Du weißt doch, dass es den Großen Wu nicht gibt!«
»Und ob es mich gibt!« brummte da zu ihrer Überraschung eine tiefe Stimme aus dem Gebüsch. »Ich möchte bitte in aller Ruhe mein Fleisch verspeisen, wenn das möglich ist!« brummte Mogli und kicherte ein wenig.
»Bitte, tu uns nichts!« wimmerte da der kleine Tapi, dem sich vor Angst das Fell sträubte. Fast tat Mogli jetzt sein Streich ein bißchen leid, denn er wusste, dass Tapi schreckliche Angst vor dem Großen Wu hatte. Deshalb fuhr er mit tiefer und freundlicher Stimme fort: »Ich bin aber ein sehr freundlicher Geist und geistere grundsätzlich nur bei sehr bösen Tieren. Wenn ihr aber jetzt bitte mein Fleisch in Ruhe lassen würdet, damit ich es verspeisen kann.«

Tabakis Mahlzeit

Der freundliche Große Wu aber hatte das Fleischstück wieder auf den Weg gelegt und saß im Gebüsch. »Vielleicht kommen die Wölfchen ja zurück«, dachte Mogli, »dann kann ich sie noch ein bisschen ärgern.« Doch vor lauter Begeisterung über seinen gelungenen Streich merkte er gar nicht, wie sich auf leisen Pfoten jemand näherte. »Was für ein köstlicher Brocken!« murmelte Tabaki und leckte sich vor Gier die Lippen. »Heute ist offenbar mein Glückstag. Dieses Fleisch wird mir niemand wegschnappen.« Und während Mogli im Gebüsch auf die Wölfchen wartete, machte sich der verfressene Tabaki über das Fleisch her. »Da schmatzt doch jemand!« wunderte sich Mogli plötzlich und zog an der Liane, mit der das Fleischstück festgebunden war. Doch er hielt nur ein leeres Ende in der Hand. Empört schlüpfte er aus dem Gebüsch und stand vor Tabaki, der sich genussvoll die Lippen leckte und grinsend sagte: »Vielen Dank, Mogli. Das war eine köstliche Mahlzeit!«

Der gute Geist Wu

»Ja, natürlich, Großer Wu«, sagten die kleinen Wölfchen kleinlaut. »Wir wollten dir dein Fleisch nicht wegfressen.« – »Dann trollt euch jetzt!« brummte Mogli und konnte sich das Lachen kaum mehr verbeißen. »Wenn der Große Wu speist, darf nämlich niemand zuschauen.« Oh, wie gern hätten die kleinen Wölfe gesehen, wie der Große Wu das Geisterfleisch verspeiste! Aber da sie großen Respekt vor dem freundlichen Gespenst hatten, rannten sie eilig zum See. Und dort machte die Geschichte vom Fleisch fressenden Großen Wu alsbald die Runde. »Der Große Wu sitzt im Gebüsch und frisst Fleisch!« rief Tapi, und Tapu ergänzte: »Niemand darf ihm beim Essen zuschauen, sonst wird er böse.« – »Der Große Wu, dass ich nicht lache!« rief Hathi und schnaubte verächtlich durch seinen Rüssel. »Ich glaube, da hat euch jemand einen Streich gespielt«, meinte auch Baghira und musste grinsen. »Und ich weiß auch, wer.«

Vor Gericht

Als die Affen empört aufkreischten, erklärte Balu: »Wenn ihr nicht einsehen wollt, dass das meine Bananen sind, ziehe ich vor Gericht, und der alte Akela soll entscheiden.« »Gericht, Gericht!« höhnte die Affenkönigin. »Eine Königin braucht kein Gericht. Sie hat immer recht.« Doch Balu ließ sich nicht beirren. »Ich verlange, dass Akela geholt wird«, sagte er, »und über unsern Fall entscheidet.« Tschi-Tschi dachte einen kurzen Augenblick nach. »Also gut«, meinte sie schließlich, »du wirst ja sehen, dass der alte Wolf uns Affen Recht gibt. Hol ihn nur.« – Würdevoll nahm der alte Leitwolf unter der Bananenstaude Platz und eröffnete die Sitzung. »Trage mir den Fall vor, Balu«, forderte er den Bären auf, dessen Blicke sehnsüchtig auf die Bananen gerichtet waren. »Also, die Sache ist ganz klar«, meinte Balu, »Ich habe diese Bananenstaude entdeckt, und deshalb gehören die Bananen mir.«

So viele Bananen!

»Hurra!« rief Balu, als er mitten im Dschungel eine üppige Bananenstaude entdeckte, an der ungewöhnlich viele Bananen baumelten. »Mir läuft schon das Wasser im Mund zusammen«, jubelte er und rüttelte an der Staude. Doch plötzlich ertönte ein lautes Keckern und Kreischen über ihm, und er hielt erschrocken inne. »Was fällt dir ein!« schrie Tschi-Tschi und schwang sich von der Platane geradewegs auf Balus Schultern. »Das sind unsere Bananen! Finger weg!« Und dabei zerrte sie den Bären heftig an den Ohren. »Au!« rief Balu. »Lass mich sofort los, du freches Biest!« Doch Tschi-Tschi ließ sich nicht abschütteln. Laut schrie sie: »Affenvolk! Sammelt schnell die Bananen ein, solange ich den Bären in Schach halte!« »Also, jetzt reichts mir aber!« rief Balu und beförderte Tschi-Tschi mit einem Schwung auf die Erde. »Ich habe die Bananenstaude entdeckt, und daher gehört sie mir!«

116

Akelas erster Vorschlag

»Alle Bananen gehören grundsätzlich den Affen!« schrie Tschi-Tschi. »Wir fressen dir ja auch nicht deinen Honig weg!« Akela machte ein nachdenkliches Gesicht. »Da hat Tschi-Tschi recht, Balu«, meinte er schließlich, »Bananen sind in der Tat Affennahrung. Ein Affe isst die Banane elegant, indem er sie schält. Du aber frisst sie einfach mit Stumpf und Stiel auf.« – »Na und!« brüllte Balu. »Das ist doch egal, wie sie gegessen werden! Ich habe die Staude zuerst entdeckt!« – »Immer mit der Ruhe«, meinte der alte Leitwolf. »Ich mache euch einen Vorschlag: Balu bekommt die eine Hälfte der Bananen und das Affenvolk die andere. Seid ihr damit einverstanden?« Die Affen schrien entrüstet auf. »Das ist eine Unverschämtheit!« kreischte Tschi-Tschi. »Wenn wir die Bananen teilen, gehen mindestens zehn meiner Leute leer aus! Nein, ich kann dieses Urteil auf keinen Fall annehmen!«

Eine weise Entscheidung

Akela überlegte erneut. »Gut«, sagte er dann, »ich sehe ein, dass dieser Vorschlag ungeeignet ist, um den Zwist zu beenden. Die Affenhorde ist groß, und Balu ist nur ein einzelner Bär. Darum lautet die Entscheidung des Gerichts folgendermaßen: Jeder Affe bekommt eine Banane, und Balu darf den Rest fressen.« – »Naja, das könnte gehen«, brummelte Balu, denn das war besser als gar keine Bananen. »Meinetwegen«, sagte auch Tschi-Tschi, denn allmählich hatte sie diese ganze Gerichtsversammlung gründlich satt. »Gut, dann werde ich den Vorgang überwachen«, meinte Akela und stand auf. »Alle Affen dürfen sich eine Banane vom Baum holen!« rief er. »Damit nicht geschwindelt wird, muss jeder vor mir erscheinen und seine Banane vorzeigen. Also, los!« Kreischend sprangen da die Affen in der Staude herum, und jeder holte sich eine Banane. Der Rest aber war immer noch genug für eine reichliche Bärenmahlzeit.

117

Die frechen Papageien
Rocco und Rikki, das Papageienpärchen, lebte noch immer in Balus Vorratsbaumhöhle. Längst hatte sich der Bär damit abgefunden, seine Nüsse auch in Zukunft in seiner Höhle zu lagern, denn er mochte die beiden lustigen Papageien gern. Rikki hatte ihre beiden Eier ausgebrütet, die zwei Papageienkinder waren inzwischen sogar schon flügge und kehrten nur noch selten ins elterliche Nest zurück. Daher fanden Rocco und Rikki Zeit, an ihrer Kunst, die Stimmen anderer Tiere nachzuahmen, zu feilen und gelegentlich auch Streiche auszuhecken. So setzte sich Rocco eines Tages in einen Baumwipfel und krächzte mit der Stimme von Tschil: »Freunde, zieht in die Berge, die große Regenflut beginnt!« Verdutzt blickten die Tiere hinauf in den strahlend blauen Himmel. »Reingefallen!« schrie Rocco mit seiner normalen Stimme und freute sich diebisch.

Lustige Streiche
Ein andermal ahmten die beiden so treffend das Röhren eines Sambarhirschen nach, dass sie damit das gesamte Wolfsrudel täuschten. Die Wölfe jagten eifrig über die Flusswiesen, konnten aber keinen Hirsch entdecken. »Das sind mir doch zwei Galgenvögel!« schimpfte Mutter Wolf, doch dann musste sie schmunzeln. Man konnte den beiden einfach nicht böse sein – dazu waren sie viel zu lustig. Die frechen Papageien verschonten niemanden. Eines Tages krächzte Rocco seiner Rikki zu: »Schau, dort drüben läuft Mogli. Er ist auf der Suche nach Balu, aber ich weiß, dass der Bär in seiner Höhle liegt und schnarcht. Wollen wir nicht ein bisschen Balu spielen?« »Das ist eine hervorragende Idee«, meinte Rikki. Und als Mogli ahnungslos rief: »Balu, wo bist du?«, antwortete eine tiefe Brummstimme: »Hier bin ich, Mogli, hier!« Mogli rannte auf die Stimme zu – doch Balu war weit und breit nicht zu sehen!

Hin und her

»Balu, wo bist du denn?« rief Mogli verdattert, und schon brummelte es aus den Tiefen des Urwalds: »Hier, hier bin ich!« – »Na so was!« murmelte Mogli und folgte den Rufen. Doch er fand nur Kaa, die sich wohlig unter der Platane räkelte. »Kaa, hast du Balu gesehen?« fragte Mogli, aber Kaa schüttelte den Kopf. Da erklang es auf einmal vom See her: »Mogli, hier bin ich!« – »Verflixt!« schimpfte Mogli und rannte ans Wasser. Aber da war wieder kein Balu in Sicht – nur Hathi stand da und spritzte sich versonnen den Rücken ab. Und schon rief Balus Stimme erneut: »Hier bin ich! Bei der Wolfshöhle!« – »Wie macht Balu das nur?« fragte sich Mogli. »Sonst rennt er doch auch nicht so schnell durch den Wald.« Doch dann geschah etwas sehr Merkwürdiges: Gerade als Balu noch einmal rief: »Hier bin ich! Bei der Wolfshöhle!«, kam der verschlafene Balu leibhaftig an den See getappt.

Auf frischer Tat ertappt

Verdutzt starrte Mogli seinen schläfrigen Freund an. »Nanu, Balu«, meinte er, »seit wann spaziert deine Stimme ohne dich durch den Urwald?« Und dann griff er sich an den Kopf. »Oh, was bin ich nur für ein Dummkopf!« rief er. »Das waren natürlich Rocco und Rikki! Na, wartet, euch werde ichs zeigen!« meinte er grimmig und holte die kleinen Wölfchen. Dann rief Mogli: »Balu, wo bist du!« Balus Stimme antwortete aus dem Feigenbaum. »Schau nach, wo dieser freche Vogel sitzt, Tapi!« sagte Mogli und rief noch einmal: »Balu!« Prompt antwortete ein anderer Balu aus der Tamariske. »Und jetzt du, Tapo!« Und tatsächlich – im Tamariskenbaum brummte Rikki genau wie Balu: »Hier bin ich!«, und im Feigenbaum rief Rocco mit Balus Stimme: »Hier bin ich!« Was meint ihr, wie die beiden Papageien erschraken, als die Wölfchen sie auf frischer Tat ertappten! »Mich werdet ihr so schnell nicht mehr ärgern«, lachte Mogli, und er behielt Recht.

Tabakis große Lüge

Am Abend versammelte sich das Rudel zur Jagd. Vierzig graue Wölfe schlichen auf leisen Pfoten durchs dichte Unterholz. Doch was war das? War da nicht aus der Ferne das Heulen von Tabaki zu hören? »Alles Halt!« kommandierte Akela, als der Schakal atemlos auf das Rudel zurannte. »Ihr Wölfe!« keuchte er. »Dort hinten, am unteren Flusslauf des Waigunga, grast ein ganzes Rudel Hirsche! Ich habe es ganz deutlich gesehen!«
»Ist das wirklich wahr?« fragte Akela misstrauisch und sah Tabaki fest in die Augen. »Warum sollte ich euch anlügen?« antwortete Tabaki mit treuherziger Miene. »Ihr müsst aber schnell laufen, sonst sind die Hirsche auf und davon.« – »Heute will ich dir ausnahmsweise einmal glauben. Danke, Tabaki!« sagte Akela und führte das Rudel zum unteren Flusslauf des Waigunga. »Dafür will ich einen Teil der Beute!« rief Tabaki ihnen nach und grinste hämisch.

Tabakis Festmahl

Einem guten Lügner merkt man nie an, wann er lügt, und Tabaki war wirklich ein vorzüglicher Lügner. Natürlich war die Geschichte vom Hirschrudel von vorne bis hinten erfunden. »Hihi«, kicherte Tabaki boshaft, »der untere Flusslauf ist so weit entfernt, dass ihr hübsch lange ausbleibt. Lauft nur zu, ihr dummen Wölfe!« Und dann schlug er schnurstracks den Weg zur Wolfshöhle ein. Da lagen ordentlich aufgeschichtet die herrlichsten Vorräte – eine fette Rinderkeule, eine saftige Hirschkeule, eine zarte Lammschulter –, als warteten sie nur auf einen hungrigen Schakal. Gierig machte sich Tabaki über die Lammschulter her und fraß sie ratzeputz auf. Dann nagte er die Hirschkeule bis auf den blanken Knochen ab. »Ich kann nicht mehr«, seufzte Tabaki schließlich und betrachtete wehmütig die Rinderkeule. »Aber man soll nichts verkommen lassen.« Und damit packte er die Keule und trug sie aus der Höhle.

Reingefallen!
Währenddessen hetzte das Rudel den ganzen unteren Lauf des Waigunga entlang. Mitternacht war längst vorbei, doch noch immer war das versprochene Hirschrudel nicht aufgetaucht. Bekümmert senkte Akela, der alte Leitwolf, den Kopf. »Wölfe«, sagte er schließlich, »ich bin auf den schlimmsten Lügner des ganzen indischen Dschungels hereingefallen. Für heute müssen wir die Jagd abbrechen. Wie gut, dass ihr alle noch Vorräte zu Hause habt. Geht nun in eure Höhlen und lasst es euch schmecken.«
Mit müden Gliedern und knurrenden Mägen trottete das Rudel den ganzen weiten Weg heimwärts. »Ein Glück, dass du so eine sparsame Hausfrau bist«, meinte Vater Wolf zu Mutter Wolf und freute sich schon auf die saftige Hirschkeule. »Ich habe schrecklichen Appetit auf ein Stück Lammschulter«, seufzte Mutter Wolf mit müder Stimme.
Und ahnungslos liefen die beiden auf ihre Höhle zu.

Pech gehabt!
Ein strahlender Dschungelmorgen war angebrochen, als Balu vergnügt vor seine Höhle trat. Und wer stand da vor dem Eingang? Natürlich Tabaki, der schlimmste Lügner aller Zeiten. »Guten Morgen, lieber Balu«, schnurrte er, »weißt du, was? Dort hinten, an der alten Platane, ist ein Astloch, aus dem Bienen schwärmen. Könnte es sein, dass sich dort etwas Honig findet?« Balu strahlte über das ganze Gesicht. »Oh, das ist ja eine freudige Nachricht! Vielen Dank, Tabaki!« rief er und tappte sofort davon. Aber er hielt keineswegs auf die Platane zu, nein – denn Balu war von Vater Wolf gewarnt worden. »Dir werden wir es zeigen!« murmelte er vergnügt und holte eilig Verstärkung. Und noch ehe sich Tabaki über die ersten Fleischbrocken hergemacht hatte, kamen schon Baghira und die Wölfe. Jetzt hatte der diebische Schakal nichts mehr zu lachen, denn er wurde so gründlich gezaust und gepufft, dass er heulend das Weite suchte.

Dieser diebische Schakal!
Tabaki schleppte schwer an der Rinderkeule, die er sich zum Frühstück aufheben wollte. »Du bist und bleibst ein schlauer Bursche, Tabaki«, sagte er anerkennend zu sich selbst und beschloss auf der Stelle, morgen den gleichen Trick bei Balu anzuwenden. »Ich werde dem tapsigen Bären etwas von einem Astloch voller Honig erzählen«, kicherte er vor sich hin. Und mit diesem boshaften Plan schlief der Schakal friedlich ein. – Die arme Wolfsfamilie aber starrte entgeistert auf den Haufen abgenagter Knochen. »Das war Tabaki!« rief Vater Wolf, und sein Fell sträubte sich vor Wut. »Oh, dieser gemeine Schakal! Wir müssen die anderen Tiere warnen, damit sie nicht auch auf seinen Trick hereinfallen.« Und obwohl Vater Wolfs Magen erbärmlich knurrte, machte er sich noch in derselben Nacht auf den Weg, um die Freunde vor Tabaki zu warnen.

Ikki ist verschwunden!

Erinnert ihr euch noch daran, als das neugierige Ikki den Dschungel verlassen hatte und am Waigungafluss entlanggestapft war? Oh, damals hatte es schwer für seine Abenteuerlust büßen müssen! In einem engen Käfig saß es auf dem Dorfplatz, bis Mogli es befreien konnte. Und Ikki hatte sich geschworen, den Dschungel nie wieder zu verlassen. – Umso mehr war Mogli beunruhigt, als er feststellte, dass er das kleine Stachelschwein schon länger nicht mehr gesehen hatte. Sonst kam es doch mindestens einmal am Tag an den See oder zur Wolfshöhle, um ein bisschen zu plaudern! Vielleicht hatte das zerstreute Tierchen seine Erfahrungen im Dorf schon vergessen und war auf Abenteuer ausgezogen? Sorgenvoll wandte sich Mogli an die anderen Tiere. »Balu, hast du Ikki gesehen?« fragte Mogli den Bären, der in der Sonne döste. »Keine Ahnung, wo es steckt«, brummelte Balu. Und auch von den anderen Tieren wusste keiner, wo Ikki sich befand.

Tschil auf Erkundungsflug

Ikki war verschwunden! »Wir müssen Ikki suchen«, erklärte Mogli aufgeregt und rief in der Geiersprache nach Tschil. »Was gibt es denn, Mogli?« krächzte der Geier hoch aus den Lüften. »Bitte, Tschil, flieg doch ins Dorf und schau nach, ob Ikki wieder dort gefangen sitzt«, bat Mogli. »Wird gemacht!« kreischte Tschil, drehte ab und flog über die Ebene des Waigunga hinweg zum Dorf. Als ein winziges Pünktchen am Himmel sahen die Tiere ihn über dem Dorfplatz schweben. Doch es dauerte nicht lange, da landete er mit weit ausgebreiteten Schwingen zu Moglis Füßen. »Nichts zu sehen«, meldete er, »in dem Käfig sitzt nur ein alter Uhu.« Mogli war zunächst erleichtert, doch dann fiel ihm ein, dass sich Shir Khan wieder im Dschungel herumtrieb. Seit Tagen schon tönte das Fauchen und Brüllen des alten, gefährlichen Tigers durch den Urwald. »Wenn es nur Shir Khan nicht begegnet ist«, seufzte Mogli sorgenvoll.

Die Suche

»Ich werde den ganzen Dschungel überfliegen«, versprach Tschil. »Und du, Mogli, solltest alle Tiere bitten, dass sie nach Ikki Ausschau halten.« Wie ein Pfeil schoss der Geier durch die Luft und kreischte dabei unaufhörlich Ikkis Namen. Mogli machte sich ebenfalls auf den Weg und bat alle Tiere, sich nach dem kleinen Stachelschwein umzusehen. Alle beteiligten sich an der Suche: Kaa unterbrach ihr Nickerchen und schlängelte suchend durchs Unterholz, Balu klopfte mit seinen schweren Tatzen die Büsche ab, und Biffi turnte aufmerksam durch die Äste. Mit lauter Stimme trompetete Hathi: »Ikki! Ikki!« Baghira suchte mit scharfen Katzenaugen das Seeufer ab, und Mang flatterte wispernd von Baum zu Baum – doch es war alles vergebens. Keine Spur von Ikki, dem kleinen Stachelschwein! Entmutigt versammelten sich die Tiere auf der Lichtung. Vielleicht war Ikki doch dem alten Tiger vor die Zähne gelaufen?

Ikki ist wieder da

Doch plötzlich raschelte es im Unterholz. Ja, wer kam denn da angetappelt? Ikki, das kleine Stachelschwein. Zerstreut wie immer marschierte es durchs Gebüsch und schwatzte dabei ständig vor sich hin. Erst als es schon fast auf der Lichtung war, blickte es auf und betrachtete erstaunt die große Versammlung der Tiere. »Was ist denn hier los?« fragte es ahnungslos. »Findet hier ein Fest statt? Warum hat mir denn niemand Bescheid gesagt?« Balu stöhnte auf. »Das darf doch nicht wahr sein!« rief er. »Wir suchen dich seit Tagen im ganzen Urwald! Wo hast du denn gesteckt?« – »Oh, ich?« antwortete Ikki und strahlte plötzlich. »Stellt euch vor, ich habe ein anderes Stachelschwein kennen gelernt! Es lebt in einer Erdmulde am Flussufer, und von dort aus kann man die Schiffe und Flöße sehen!« – »Und darüber hast du natürlich ganz vergessen, uns Bescheid zu sagen«, meinte Mogli. »Du bist wirklich ein schrecklich zerstreutes Stachelschwein!«

Ein fremder Tiger

Eines Tages hörten die Tiere ein fernes Brüllen im Dschungel. »Shir Khan ist wieder unterwegs«, flüsterten sie einander erschrocken zu und zogen sich angstvoll in ihre Höhlen und Nester zurück. Totenstill war es im Urwald, als sich der Tiger auf leisen Pfoten dem Bach näherte. Sein Gang war federnd und geschmeidig, und sein Fell leuchtete weiß im Zwielicht des Dschungels. »Dasss ist nicht Sssshir Khan«, zischte Kaa voller Furcht und rollte sich unter einem Felsblock zusammen. Gebannt starrte auch Tschil, der Geier, in die glühenden, hungrigen Augen des Tigers. »Das ist nicht Shir Khan«, krächzte er mit leiser Stimme, flatterte aufgeregt mit den Flügeln und wagte nicht, sich auf einem Baum niederzulassen. Die kleinen Wölfe spähten vorsichtig aus dem Eingang der Wolfshöhle. »D-d-das is-s-st n-n-nicht Sh-shir Kh-kh-kh-khan«, wimmerten sie. Wenn der Tiger aber nicht Shir Khan war – wer war er dann?

Angst im Dschungel

Wie ein Lauffeuer verbreitete sich die Nachricht von dem fremden Tiger im ganzen Dschungel. Angstvoll schnatternd hockten die Affen in den Bäumen, und selbst der kräftige Balu zog es heute vor, in seiner Höhle zu bleiben. »Mit fremden Tigern ist nicht zu spaßen«, meinte er zu Mogli, der ihm Gesellschaft leistete. »Sicher hat er sein altes Jagdrevier verlassen, weil er keine Beute mehr machen konnte. Dann hat er großen Hunger.« Vorsichtig spähte Mogli durch den Höhlenausgang. »Jetzt läuft er zum See«, berichtete er schaudernd, »hoffentlich haben sich meine kleinen Brüder in Sicherheit gebracht.« Aufmerksam beobachtete er, wie der fremde Tiger fauchend durch den Dschungel wanderte. »Da ist Baghira«, rief Mogli plötzlich aufgeregt. Und dann schrie er gellend: »Balu! Der fremde Tiger greift Baghira an!«

Baghiras Freund

Doch plötzlich drang ein Jauchzen aus Baghiras Kehle, und mit einem Freudensprung warf er sich auf den fremden Tiger. »Mein alter Freund!« jubelte er, schlug dem Fremden mit der Pranke auf die Schultern und wälzte sich mit ihm auf dem Boden herum. »Wo kommst du denn her?« fragte er, während der fremde Tiger mit lachenden Augen seine Knüffe erwiderte. Erstaunt rief Mogli: »Der fremde Tiger ist ein Freund von Baghira!« Und er rannte aus der Bärenhöhle und lief auf die beiden Raubkatzen zu. »Hallo, Mogli!« begrüßte ihn Baghira freudig. »Darf ich dir meinen alten Freund Mohaaib vorstellen? Er war damals im Palast des Maharadschas im Nachbarkäfig eingesperrt!« – »Guten Tag, Mohaaib«, sagte Mogli und blickte zum ersten Mal furchtlos in die Augen eines Tigers. Mohaaib hielt ihm seine Pranke entgegen. »Hallo, Mogli«, sagte er, »Baghiras Freunde sollen auch meine Freunde sein.« Und ein tiefes Aufatmen ging durch den Dschungel.

Mohaaibs Geschichte

Als Mohaaib auch Balu begrüßt hatte, erklärte Baghira: »Wir wollen unser Wiedersehen feiern. Ich lade euch alle zu einer Hirschkuh ein.« Schmatzend saßen die Freunde im Kreis und knabberten Baghiras Beute bis aufs Gerippe ab. »Jetzt erzähl mal«, forderte Baghira seinen Freund auf, und gespannt lauschten alle Mohaaibs Bericht. »Ein paar Jahre nach deinem Ausbruch, Baghira«, begann der Tiger, »hat mich der Fürst an eine Tierschau verkauft. Und als man mich verladen wollte, habe ich die Gelegenheit genutzt und bin geflohen.« Es war eine lange und traurige Geschichte, die Mohaaib da zu erzählen hatte! Viele Monate hatte er den Dschungel gesucht, und dabei war er häufig genug vom Tode bedroht gewesen. »Ich bin so froh, dass ich nun bei euch bin«, meinte er, und die Tränen stiegen ihm in die Augen. Noch lange, lange saßen die beiden Freunde Baghira und Mohaaib zusammen und sprachen von alten Zeiten. Und dabei wollen wir sie nicht stören.

Mohaaib lernt den Dschungel kennen

Die Sonne stand hoch am Horizont, als die beiden Freunde erwachten. »Uuaaah«, gähnte Mohaaib und öffnete träge ein Auge. »Guten Morgen«, murmelte Baghira mit verschlafener Stimme, »wie hast du geschlafen, mein Freund?« – »Ausgezeichnet«, antwortete Mohaaib und streckte wohlig seine Glieder. »Und jetzt werde ich dir unseren Dschungel zeigen!« rief Baghira und sprang auf. Geschmeidig und voller Lebenslust liefen die beiden Raubkatzen zum Bach, um zum Frühstück einen tüchtigen Schluck Wasser zu trinken. Dann führte Baghira seinen Freund zum See, wo sich bereits viele der Tiere zum morgendlichen Bad tummelten. »Darf ich vorstellen«, sagte er, »das ist mein Freund Mohaaib.« – »Sehr erfreut«, trompetete Hathi und schwenkte grüßend seinen Rüssel. »Sehr erfreut«, keckerten auch die Affen, und Kaa zischte: »Sssehr erfreut.« – »Angenehm!« kreischte Tschil von oben, und Akela grüßte würdevoll: »Es ist mir eine Ehre.«

Mohaaibs erste Jagd

Als Baghira und Mohaaib ihre Runde beendet hatten, flimmerte bereits der Abendstern am dämmrigen Himmel. Ein wenig erschöpft trotteten sie durch den Urwald – doch es half alles nichts, vor dem Abendessen mussten sie noch zur Jagd gehen. »Mir knurrt der Magen«, brummte Baghira, und auch Mohaaibs Bauch gab verdächtige Geräusche von sich. »Komm, Mohaaib!« rief Baghira. »Auf zum Fluss! Dort weiden Lämmer, und vielleicht zieht ein Hirschrudel vorbei.« Die Aussicht auf zartes Lammfleisch oder eine fette Hirschkeule gab Mohaaib neuen Schwung, und geschmeidig setzte er dem Panther nach. »Viel Glück für die erste gemeinsame Jagd!« rief hinter ihnen eine Stimme, und als sie sich umblickten, nickte ihnen der alte Akela freundlich zu. »Danke!« erwiderten sie gleichzeitig und rannten Seite an Seite zum Fluss. Doch da wurde ihr schwungvoller Lauf jäh gestoppt.

Shir Khan taucht auf

Erschrocken blickte Mohaaib in die glühenden Augen eines alten Tigers, der mit lautem Fauchen auf ihn zukam. Es war Shir Khan, dem Tabaki von der Ankunft des jungen Tigers erzählt hatte. »Halt!« brüllte der alte Tiger und verstellte den Freunden mit einem kühnen Sprung den Weg. »Keinen Schritt weiter! In diesem Jagdrevier hat nur ein Tiger Platz, und der heißt Shir Khan! Verschwinde, wenn dir dein Leben lieb ist!« Und damit wollte er Mohaaib einen Hieb mit der Pranke versetzen. Aber er hatte die Kraft und den Mut des jungen Tigers unterschätzt! Während Baghira sich zurückzog – denn im Dschungel mischt sich kein Panther in den Kampf zweier Tiger ein – stürzte sich Mohaaib mit lautem Gebrüll auf Shir Khan, der wild um sich zu schlagen begann. Und dann wälzten sich die beiden auf dem Boden, dass es nur so staubte. »Hör auf, Shir Khan!« schrie Baghira. »Mohaaib ist jünger und stärker als du! Du wirst diesen Kampf verlieren!«

Ein gefährlicher Kampf

Doch Shir Khan wollte nicht nachgeben. Mit zornigem Fauchen warf er sich immer wieder auf seinen jungen Widersacher, der den Hieben geschmeidig auswich. »Das ist mein Revier!« schrie der alte Tiger und versuchte, Mohaaib zu beißen. Der aber hatte allmählich genug von dieser sinnlosen Rauferei. »Jetzt ist Schluß!« brüllte er und sprang Shir Khan kraftvoll von hinten an. »Hör sofort auf, sonst töte ich dich!« rief Mohaaib und setzte zum Nackenbiss an. Natürlich wollte er den alten Tiger nicht wirklich töten, doch es schadete nichts, ihm ein wenig Angst einzujagen. Und tatsächlich, es wirkte! »Gnade!« flehte Shir Khan augenblicklich und zog winselnd den Schwanz ein. »Bitte, junger Tiger, töte mich nicht!« wimmerte er dann. »Lass einem alten Tiger sein Gnadenbrot. Ich verspreche dir auch, dich nie mehr bei der Jagd zu stören.« Und nachdem Shir Khan noch eine Weile um sein Leben gewinselt hatte, ließ ihn Mohaaib endlich los.

Zwei werden Freunde

Shir Khan sah so kläglich und zerzaust aus, dass er den beiden Freunden richtig leid tat. Und so neigte Mohaaib schließlich den Kopf vor seinem Gegner und sprach: »König des Dschungels, verehrter Shir Khan! Ich werde bald weiterziehen und mir ein eigenes Jagdrevier suchen. Das wollte ich dir schon vorhin sagen, doch du hast dich ja sofort auf mich gestürzt.« Jetzt ließ auch Shir Khan den Kopf sinken. »Verzeih mir«, sagte er leise und setzte großmütig hinzu: »Wenn du willst, führe ich dich morgen in ein Revier, in dem kein anderer Tiger herrscht.« – »Ich danke dir, großer alter König«, erwiderte Mohaaib und versprach, am folgenden Morgen zu den Flusswiesen zu kommen. Dann verabschiedeten sich Baghira und Mohaaib von Shir Khan und gingen auf die Jagd. Euch aber will ich noch verraten, dass Shir Khan und Mohaaib Freunde wurden, denn der alte zeigte dem jungen Tiger ein Revier, in dem dieser nach Herzenslust jagen konnte.

Sambaai hat Geburtstag

»Schau mal, was ich geschenkt bekommen habe«, sagte Sambaai eines Abends zu Mogli, als die beiden Freunde wieder einmal am Ufer des Waigunga saßen. Stolz zog er eine wunderschön verzierte Flöte aus seinem Beutel. »Und zu Hause sind noch viel mehr Geschenke«, erzählte er aufgeregt, »ich habe nämlich heute Geburtstag.«
Mogli sah seinen Freund verwundert an.
»Was ist denn ein Geburtstag?« fragte er.
»Der Geburtstag, das ist der lustigste Tag im ganzen Jahr«, erklärte Sambaai. »Da darf man sich seine Lieblingsspeisen wünschen und süßen Kuchen essen, bis man platzt. Alle Freunde kommen zu Besuch und bringen Geschenke mit. Bis jetzt habe ich schon einen neuen roten Turban, ein Hirtenstöckchen und ein Holzpferdchen bekommen. Und Konfekt, einen Mandelkuchen und zum Frühstück süßen Reispudding. Und wenn ich am Abend die Herde nach Hause treibe, bekomme ich noch viel mehr«, sagte er ein wenig angeberisch.

Hat Mogli auch einen Geburtstag?

Neidisch lauschte Mogli Sambaais Erzählung. Ach, wenn er doch auch einmal Geburtstag hätte und Geschenke bekäme! Schnurstracks rannte er zu Baghira, der gerade sein Abendessen verzehrte, und rief: »Baghira, wann habe ich eigentlich Geburtstag?« Erwartungsvoll blickte er den Panther an. »Tja«, meinte Baghira nachdenklich, »das kann ich dir leider nicht sagen. Wir wissen ja nicht, an welchem Tag du auf die Welt gekommen bist.« – »Aber ich möchte so gern auch einen Geburtstag haben«, sagte Mogli, und zwei dicke Tränen rollten über seine Wangen. »Sambaai hat zu seinem Geburtstag eine Menge Geschenke bekommen!« Mitleidig sah ihn der Panther an und strich sich mit der Pfote über die Barthaare. Und dann leuchteten seine Augen plötzlich auf. »Wir wissen zwar nicht, wann du geboren bist«, meinte er, »aber dass du irgendwann geboren bist, steht fest. Also können wir deinen Geburtstag doch feiern, wann es uns passt, oder?«

Geschenke, Geschenke

»Kein Problem!« meinte dagegen der alte Hathi und übte mit seinen Elefanten ein Geburtstagslied ein. Mang flog wispernd durchs Gebüsch und bat alle Glühwürmchen zu einem Stelldichein. »Wir werden einen Tanz für Mogli einstudieren«, erklärte sie. Und dann brach der große Tag an. »Wach auf, du lieber Mogli!« trompetete es schon kurz nach Sonnenaufgang, und als das Geburtstagskind verschlafen aus der Wolfshöhle trat, stand vor ihm die ganze Elefantenherde, schwenkte begeistert die Rüssel und stimmte ein Geburtstagsständchen an. Dann kam Balu angetappt und drückte Mogli eine riesige Kokosschale mit Nüssen und Honig in die Hand. Kaa glitt anmutig durchs Unterholz heran und zerrte ein Stück herrlich schimmernder Schlangenhaut hinter sich her. Und Schawi, der eitle Pfau, hatte sich sogar von einer Feder getrennt, die er Mogli mit einem strahlenden Balzruf überreichte.

Morgen hat Mogli Geburtstag!

»Meinst du wirklich?« fragte Mogli hoffnungsvoll und hörte sofort auf zu weinen. »Aber ja«, erwiderte Baghira, »morgen wird dein Geburtstag gefeiert und damit basta.« Mogli konnte sein Glück kaum fassen. Jauchzend rannte er durch den Urwald und rief: »Alle mal herhören! Morgen ist mein Geburtstag! Ihr seid alle eingeladen und müsst mir ein Geschenk mitbringen!« Wie ein Lauffeuer verbreitete sich die Neuigkeit im Dschungel, und ehe die Sonne am Horizont verschwunden war, wussten es alle Tiere. Aber was sollten sie Mogli nur schenken? Suchend tapste Balu durch seine Höhle, und Kaa schlängelte grübelnd durch das nachtdunkle Unterholz. Schawi zog gurrend über die Lichtung und überlegte, was Mogli wohl gefallen könnte. Und Baghira? Auch er wusste nichts. Darum legte er sich auf einen Ast und verfiel in tiefes Nachdenken.

Das große Geburtstagsfest

Selbst die Affenhorde hatte an Mogli gedacht und warf mit lautem Gekreisch Bananen vor die Wolfshöhle. Baghira schenkte Mogli einen langen Ritt durch den Dschungel, und Biffi überreichte artig einen Strauß wilder Orchideen. Und wisst ihr, wer noch kam? Sambaai, der Junge aus dem Dorf! Tschil hatte ihm die Nachricht von Moglis Geburtstag überbracht, und jetzt saß er glücklich neben dem strahlenden Mogli im Kreis der Dschungeltiere. Der Boden vor der Wolfshöhle stand voller Mitbringsel und Süßigkeiten, aber dann eröffnete Mogli das Geburtstagsbüffet, und bis zum Sonnenuntergang war alles ratzeputz aufgegessen. Und als endlich die Nacht hereinbrach, hörte man ein feines Wispern im Gebüsch. »Achtung, jetzt!« ertönte ein zartes Kommando – und dann schwebten und tanzten unzählige Lichtpünktchen durch die Dunkelheit. Das war der Tanz der Glühwürmchen.

Ein Fest im Dorf

Eines Tages feierten die Dorfbewohner ein großes Fest. Überall auf dem Dorfplatz loderten kleine Feuerstellen, und die Tische bogen sich unter der Last köstlicher Speisen. Da gab es leuchtend gelben Safranreis, Kokosnuss-Konfekt, in Zimt und Zucker getauchtes Gebäck, gebratene Früchte in Sirup, Pistazienkuchen und Mandelpudding, üppige Fleischeintöpfe, knusprige Hähnchen, kühle, würzige Soßen, und zu allem Überfluss drehte sich vor der Hütte des Dorfältesten ein dicker Hammel am Spieß. Es duftete herrlich nach den verschiedensten Gewürzen, nach Ingwer und Muskat, Koriander und Kardamom – und so mancher Dorfbewohner hätte sich an all diesen Genüssen bestimmt den Magen verdorben, wenn – ja, wenn nicht plötzlich mit lautem Gekreisch die Affenhorde das Dorf gestürmt hätte. Und die Anführerin war wie immer – na, könnt ihr es euch denken? – Tschi-Tschi, die Affenkönigin.

Die Affen sind los!

»Heißa!« schrie sie, als sie den herrlichen Festschmaus sah, und schwang sich behende vom Dach eines Hauses mitten auf die gedeckte Tafel. Und ehe sie sichs versahen, saßen die Dorfbewohner inmitten einer keckernden und kreischenden Affenhorde, die über Tische sprangen, Töpfe, Schüsseln, Bananen und Papajas durch die Luft warfen und den köstlichen Mandelpudding einfach auf den Boden kippten. »Hollaho!« schrie Tschi-Tschi und gab dem Hammel am Spieß einen heftigen Stoß. Erstarrt saßen die Männer, Frauen und Kinder des Dorfes da, ehe endlich einige beherzte Bauern nach Stöcken griffen, um die Eindringlinge zu verjagen. Aber habt ihr schon einmal gesehen, wie schnell so ein Affe davonturnen kann? Das ging hui! über Hausdächer, zum Fenster hinein und wieder hinaus, durch Stuben und Kammern, über Zäune und Hausdächer, so schnell, dass die Bauern völlig außer Puste gerieten.

»Mogli muss helfen!«

Doch die Affen ließen sich nicht vertreiben. Im Gegenteil! Einige von ihnen hatten den Dorfbrunnen entdeckt und machten sich einen Spaß daraus, einen dicken Wasserstrahl auf den Festplatz zu schicken. Bald schwammen die Hühnerbeine, die gebratenen Bananen, die Mandeln und das Fleisch in einer riesigen, schmutzigen Wasserpfütze. Die Affen aber lachten sich halbtot und dachten sich schon den nächsten Schabernack aus. Was sollten die Bauern nur tun? »Ich habe eine Idee«, sagte Sambaai zum ratlosen Dorfältesten. »Wir holen Mogli, er soll die Affen zur Vernunft bringen.« – »Ja, hol Mogli!« riefen die übrigen Dorfbewohner, die den kleinen Wolfsjungen noch gut in Erinnerung hatten. Flink wie ein Wiesel rannte Sambaai in den Dschungel, um seinen Freund zu holen. »Mogli, Mogli!« rief er atemlos, als er bei der Wolfshöhle angelangt war. »Du musst uns helfen! Die Affen haben unser Dorf überfallen.«

Hilfe für das geplagte Dorf

Die Affen zur Vernunft zu bringen, das war ein unmögliches Unterfangen, wie Mogli genau wusste. Aber er hatte eine Idee, und kurze Zeit später glitt eine riesige Schlange durch die weite Ebene des Waigungaflusses aufs Dorf zu. »Diesssesss lässstige Affenvolk«, zischte Kaa grimmig, »dem werde ich sseine Spässse schon austreiben.«
Als Mogli, Kaa und Sambaai im Dorf ankamen, bot sich ihnen ein Bild der Verwüstung. Alle Tische waren umgekippt, überall klebte Mandelpudding, und von den Dächern prasselten gerade die Kokosnüsse. »Na, wartet!« sagte Kaa und glitt auf den Dorfplatz. Sambaai warnte die Dorfbewohner: »Da kommt Kaa, die Riesenschlange! Sie wird uns helfen, die Affen zu vertreiben. Haltet euch still, dann wird euch nichts geschehen.« Die Dorfbewohner wagten sich nicht zu rühren, während sich die riesige, glänzende Schlange zwischen den Häusern hindurchschlängelte.

Kaas große Stunde

»Wo issssst die Affenbande?« zischte Kaa so laut, dass ein Aufschrei des Schreckens durch die Dorfgemeinde ging. »Da! Auf dem Dach des Dorfältesten«, sagte Mogli. Tatsächlich! Da tobte die Affenbande auf dem Strohdach herum und war gerade dabei, es abzudecken. »Haha, das macht Spaß!« schrie Tschi-Tschi übermütig, als sich plötzlich ein gewaltiger goldbrauner Schlangenkopf vor ihr erhob. Kaa war nämlich so groß, dass sie ohne Mühe das Dach der Hütte erreichen konnte. »So, dasss macht euch Spassss«, zischte sie, und ihre magischen Augen funkelten. »Wenn ihr nicht sssofort verschwindet, seid ihr verloren! In meinem Magen haben gut und gerne drei Affen Platz!« Und bei dieser Drohung ließ sie ihre Zunge so gefährlich blitzen, dass die Affen schleunigst Reißaus nahmen. Die Dorfbewohner aber neigten voll Ehrerbietung die Köpfe, als Kaa an ihnen vorüberglitt und in Richtung Dschungel verschwand.

Zu später Stunde

Mogli und Sambaai saßen am Ufer des Waigunga und kickten flache Steinchen über den Fluss. Manchmal hüpften die Geschosse zehnmal hintereinander auf dem Waigunga auf, und dann klatschten die beiden und freuten sich. »Muh«, dröhnte da plötzlich eine empörte Stimme, und Tonka stupste Sambaai unsanft mit dem Maul an. »Wisst ihr eigentlich, wie spät es ist? Ich möchte jetzt endlich nach Hause, damit ich gemolken werde«, sagte sie. »Oje«, meinte Mogli und blickte zum Himmel, wo bereits der Abendstern funkelte und von Osten her die schmale Mondsichel aufstieg. »Ich muss auch nach Hause! Mutter Wolf wird schon schimpfen.« Und damit machte er sich schleunigst auf den Heimweg. Doch es kam ihm so vor, als fülle sich mit Einbruch der Nacht die weite Flussebene mit unzähligen, furchterregenden Schatten und Geräuschen. Überall raschelte und wisperte es.

Unter Tschils Fittichen

Da! Was war das? Etwas hatte ihn am Bein gestreift. »Na, Mogli, so spät noch unterwegs?« fragte ihn eine leise Stimme, und Mogli atmete auf. Es war nur eine große Kröte, die ihn aus kugelrunden, starren Augen anblickte. Mogli lief weiter. Doch da fuhr ihm bereits der nächste Schreck in die Glieder. Es rauschte in der Luft, und ein markerschütternder Schrei erfüllte die Finsternis. Bang blickte Mogli nach oben. War das etwa der Große Wu, der furchtbare Geist der Dunkelheit? Doch da kreischte eine wohl bekannte Stimme: »Na, Mogli, so spät noch unterwegs?« Es war Tschil, der Geier, der über ihm schwebte. »Ein kurzes Stück kann ich dich begleiten«, meinte der Freund, »doch dann muss ich schleunigst nach Hause zu Vally und den Kindern.« Während der Geier mit weit ausgebreiteten Schwingen über ihm flog, durchströmte Mogli ein warmes Gefühl der Geborgenheit. Alle Gespenster waren verschwunden.

Der Große Wu

Und dann stand er wirklich vor dem Großen Wu. Das war kein Schatten, kein Tier, kein Fels oder Baum, sondern etwas so grauenhaft Gespenstisches, dass Mogli das Herz stehen blieb. Der Große Wu hing zwischen zwei Bäumen, wehte und sah seltsam und durchsichtig aus. Und darüber raschelte und wisperte es in den Blättern, als wollte es sagen: »Ich bin der Große Wu, der Geist der Finsternis.« Furchtsam blickte Mogli sich um – doch es gab keinen anderen Weg, er musste an dem Großen Geist vorbei. Beherzt trat Mogli einen Schritt vorwärts. »Großer Wu«, sagte er tapfer, »bitte, bitte tu mir nichts! Ich möchte nach Hause und muss nur an dir vorbeigehen.« Zitternd trat Mogli auf den Großen Wu zu. Doch der Geist wich ihm nicht aus, starrsinnig blieb er mitten auf dem Pfad stehen. Und dann geschah etwas ganz Erstaunliches: Mogli konnte einfach durch das Gespenst hindurchgehen! Es fühlte sich weich und etwas klebrig an.

Nächtliche Schrecken

Doch noch ehe sie den Saum des Urwalds erreicht hatten, verabschiedete sich Tschil von Mogli. »Hab keine Angst, der nächtliche Dschungel ist nicht gefährlich«, sagte er noch beruhigend und drehte mit kühnem Schwung nach rechts ab. Tschil hat gut reden, dachte Mogli, er kann den Gespenstern davonfliegen. Als er den Dschungel betrat, legte sich die Angst vor dem Großen Wu wie ein eiserner Ring um sein Herz. Stand er da nicht, riesenhaft, faltig und grau? Aber nein, es war nur ein Felsblock! Doch schaukelte da nicht eine Gestalt auf dem See? Und da kreischte plötzlich jemand und sauste durch die Luft – der Große Wu! Aber nein – die Gestalt auf dem Wasser war nur ein Krokodil, das gerade gähnend sein Riesenmaul öffnete. Und das kreischende, sausende Etwas war ein Kolibri, der keinen Schlaf finden konnte. Wie kam es nur, dass nachts alles so furchterregend wurde, was bei Tag so vertraut war?

Moglis Sieg über den Großen Wu

»Ich habe den Großen Wu besiegt!« rief Mogli, als er endlich in der Wolfshöhle angekommen war. »Es war ganz einfach. Ich glaube, er ist eigentlich gar nicht gefährlich.« – »Der Große Wu! So ein Unsinn«, knurrte Mutter Wolf, »ich möchte wissen, wo du so lange gesteckt hast!« Mogli senkte schuldbewusst den Kopf. »Geh sofort schlafen, wir wollen auf die Jagd gehen!« schimpfte Mutter Wolf. – »Ich habe den Großen Wu besiegt!« war das Erste, was Mogli am folgenden Morgen seinen Wolfsbrüdern erzählte. Oh, er konnte gar nicht genug von seiner Heldentat sprechen. Doch mitten im schönsten Erzählen betrat Ikki die Wolfshöhle. »Wisst ihr, wer heute Nacht das Spinnennetz von Afra, der Vogelspinne, zerstört hat?« fragte sie. »Afra ist schrecklich böse, denn sie hat über eine Woche lang daran gearbeitet.« Oh je! Mogli fasste sich an den Kopf und wurde rot. »Hahaha«, lachten da die drei Wölfchen, »das also war dein Großer Wu! Ein Spinnennetz!«

Streit in der Wolfshöhle

Die Affen waren natürlich gegen Kaa. »Tschil! Tschil!« schnatterten sie und rüsteten schon zum Angriff auf die Schlange. Schawi dagegen plusterte sich drohend auf und rief: »Kaa hat recht, du Geier! Ich bin für Kaa!« Und auch in der Wolfshöhle zankte man sich. Mogli und Mutter Wolf waren die Einzigen, die keine Partei ergreifen wollten. »Was hat Kaa denn getan?« fragte Mutter Wolf ihren Mann, der auf Tschils Seite stand. »Sie ist eine freche Schlange«, antwortete Vater Wolf, »und wenn es sein muss, werde ich gegen sie kämpfen.« – »Wir auch!« riefen Tapu und Tapi. »Ich bin gegen Tschil!« rief dagegen Tapo. »Tschil hat Kaa einen Molch weggerissen!« – »Das behauptet die verlogene Kaa!« rief Vater Wolf entrüstet. »Es war ganz anders: Kaa hat Tschil den Molch weggenommen!« Der Streit wurde so heftig, dass Mutter Wolf zu Akela eilte, um ihn um Rat zu fragen.

Streit zwischen Tschil und Kaa

Eines Tages kam es zwischen Tschil, dem Geier, und Kaa, der Riesenschlange, zu einem heftigen Streit. Wer angefangen hatte und worum es eigentlich ging, das wusste im Nachhinein niemand mehr zu sagen, fest stand nur, dass die beiden sich gründlich zerstritten hatten. Und seither saß Tschil beleidigt auf einem Ast im Affenbrotbaum, und Kaa hatte sich ebenso beleidigt an ihrem Stammplatz am Bach zusammengerollt. Sobald ein Tier Kaa ansprach, begann sie sofort wüst über Tschil herzuziehen, und Tschil schimpfte gleichermaßen über Kaa. Auf diese Weise breitete sich der Streit bald wie ein Lauffeuer im ganzen Dschungel aus, und jedes Tier ergriff entweder für Tschil oder für Kaa Partei. »Ich bin für Tschil«, brummte Balu zu Baghira, aber da fletschte der schwarze Panther furchterregend die Zähne. »Ich finde, Kaa hat Recht«, erwiderte er gereizt, und schon standen die beiden Freunde auf gegnerischen Seiten.

Bei Akela

Akela saß vor dem Felsen und strich sich nachdenklich über die grauen Barthaare. »Was soll man da machen?« meinte er. »Für eine ordentliche Gerichtsverhandlung ist es längst zu spät. Niemand kann sich mehr daran erinnern, weshalb der Streit eigentlich ausgebrochen ist.« – »Aber es kann doch nicht so weitergehen«, klagte Mutter Wolf verzweifelt. »Selbst in meiner eigenen Familie streiten sie sich schon. Vater Wolf, Tapu und Tapi sind für Tschil, und Tapo ist für Kaa. Nur Mogli ist vernünftig.« Kaum hatte sie das gesagt, da flog mit Wucht ein Wurfgeschoss knapp an ihrer Schnauze vorbei. »Es ist so weit«, meinte Akela, »aus dem Streit ist ein Krieg geworden. Nur schnell weg hier«, sagte er und verschwand in seiner Höhle. »Da ist man ja seines Lebens nicht mehr sicher«, murmelte Mutter Wolf und machte, dass sie nach Hause kam. Doch auch in ihrer eigenen Höhle fand sie keine Zuflucht mehr vor dem schrecklichen Krieg der Tiere.

Höhlenkämpfe

Da flog nämlich dem armen Tapo gerade ein abgenagter Rinderknochen an den Kopf. »Aua«, winselte er und verkroch sich in eine dunkle Ecke. »Wollt ihr wohl Tapo in Ruhe lassen!« fuhr Mutter Wolf zornig dazwischen. »Was hat er euch denn getan?« – »Er ist für Kaa und wir sind für Tschil!« kreischten Tapu und Tapi. »Vater Wolf«, sagte Mutter Wolf streng, »wie lange soll dieser Unsinn eigentlich noch dauern?« – »Das ist kein Unsinn«, knurrte Vater Wolf. »Wir werden alle in den Dschungel ziehen und kämpfen.« »Um Gottes willen!« rief Mutter Wolf. »Das ist doch nicht euer Ernst!« Doch Mutter Wolf und Mogli mussten mitansehen, wie die Brüder und Vater Wolf in den Dschungel hinauszogen. Der Krieg war ausgebrochen, und niemand konnte den kampflustigen Tieren Einhalt gebieten. Wie aber der Streit zwischen den Tieren weiterging – ja, das erfahrt ihr auf der nächsten Seite.

Krieg im Dschungel

Als Vater Wolf und seine Kinder zur Lichtung kamen, war der Krieg bereits heftig entbrannt. Nüsse, Bananen, Steine, Stöcke und Knochen flogen den Kämpfern um die Ohren, und alle schrien so laut, dass man sein eigenes Wort nicht mehr verstand. Balu warf gerade eine Kokosnuss nach Baghira, Rocco und Rikki zausten sich erbittert die Schwanzfedern, und Schawi hackte mit dem Schnabel nach Biffi. Kaa schlug zischend um sich und rollte ihre magischen Augen, während Tschil Angriffe aus der Luft flog. Die Affen aber errichteten eine hohe Barrikade und sammelten schnatternd alle Wurfgeschosse, die sie in der Eile auftreiben konnten. »Auf Kaa und ihre Anhänger!« schrie Tschi-Tschi begeistert, und schon hagelte es Nüsse und Steine, dass einem angst und bange werden konnte. Doch ehe sichs die Tschil-Anhänger versahen, schleuderten die Tiere auf Kaas Seite die Nüsse wieder zurück.

Ikki wird verwundet

Immer heftiger wütete der Dschungelkrieg. »Auf Kaa und ihre Anhänger!« tönte es von der einen Seite und: »Auf Tschil und seine Anhänger!« von der anderen Seite der Barrikade. Und da geschah plötzlich etwas Schlimmes: Das kleine Stachelschwein Ikki, das auf der Seite von Tschil kämpfte, wurde von einer Kokosnuss getroffen und fiel bewusstlos zu Boden. Erschrocken hielten Tschil und seine Mitkämpfer inne, und da der Hagel der Wurfgeschosse auf einmal aufhörte, unterbrachen auch Kaa und ihre Freunde den Angriff. Dann kletterten sie neugierig auf die Barrikade und sahen, wie Balu, der Bär, das bewegungslose Stachelschwein behutsam auf den Arm nahm. »Ist Ikki tot?« fragten die Tiere erschrocken. »Ich weiß es nicht«, sagte Balu ernst. Vater Wolf stupste das arme Stachelschwein vorsichtig mit der Schnauze an. »Ich glaube, es ist nur ohnmächtig«, meinte er, »wir müssen es aus dem Kampfgebiet bringen.«

Der Krieg ist aus

»Jetzt ist aber Schluss!« rief da eine strenge Stimme, und alle blickten in die zornfunkelnden Augen von Mutter Wolf. »Wenn ihr mit diesem unsinnigen Krieg weitermacht, wird es vielleicht wirklich noch Tote geben. Vater Wolf, Tapu, Tapo und Tapi, ihr kommt jetzt sofort nach Hause«, sagte sie gebieterisch. Dann wandte sie sich an Balu: »Bring Ikki in die Wolfshöhle, dort werde ich sehen, wie ich ihm helfen kann.« – »Wir wollen aber weiterkämpfen!« schrien die Affen entrüstet und schickten sich an, noch eine Ladung Nüsse zu werfen. Doch da sprang der alte Akela auf einen Felsen und rief: »Ich verlange, dass die Barrikade abgebaut und der Krieg beendet wird! Tschil und Kaa, tretet vor«, wandte er sich an die beiden Urheber des Krieges. »Wir können nicht mehr entscheiden, wer von euch Recht hat. Doch ihr seht, wohin dieser alberne Krieg geführt hat. Das arme Ikki ist verletzt. Deshalb befehle ich, dass ihr euch versöhnt.«

Versöhnung

Schweigend standen die beiden Erzfeinde einander gegenüber, bis sich endlich Tschil ein Herz fasste. Mit verlegenem Gesichtsausdruck kreischte er: »Sind wir wieder gut?« - »Ja«, zischte Kaa beschämt, »wir ssssind wieder gut.« Alle Tiere atmeten auf und begannen, die Barrikade abzubauen. Säuberlich schichteten sie die Äste und Baumstämme zu einem großen Haufen und sammelten die Nüsse, Knochen und Bananen auf. Oh, wie waren sie dumm gewesen!
Balu aber trug Ikki zur Wolfshöhle. »Armes, kleines Stachelschwein«, brummelte er und streichelte ihm vorsichtig über die Wangen. Da schlug Ikki die Äuglein auf. »Mir tut mein Kopf so weh«, jammerte es. »Na, Gott sei Dank! Es ist nichts Schlimmeres passiert«, meinte Mogli und holte schnell Wasser aus dem Bach, um Ikkis schmerzende Stirn zu kühlen. »Bin ich denn im Krieg verwundet worden?« fragte das Stachelschwein etwas verwirrt. »Ja«, antwortete Balu, »aber der Krieg ist vorbei.«

Das Friedensfest

Und dann feierten die Tiere den Friedensschluss. Was von den Wurfgeschossen, den Kokosnüssen und Bananen noch essbar war, trugen sie zusammen. Mutter Wolf schleppte ihre Fleischvorräte zur Lichtung, die Affenhorde brachte Bananen, und Balu spendierte Kokosschalen voll Honig. Während alle schmausten, sprang der alte Akela auf einen Felsen und hielt eine Rede. »Liebe Tiere«, begann er, »heute ist der schrecklichste Krieg beendet worden, der je im Dschungel gewütet hat. An diesen Tag wollen wir uns immer erinnern und ihn jedes Jahr feiern. Wer dafür ist, gibt ein Zeichen.« Da hoben sich die Pfoten der Wölfe, da schwenkten die Elefanten ihre Rüssel, schlugen die Pfauen Räder, wedelten die Affen kreischend mit den Schwänzen, richtete sich Kaa zischend auf, und Tschil flatterte mit den Flügeln. Und so feierten sie jedes Jahr ein großes Friedensfest.

Kaa ist zu Streichen aufgelegt

Gut gelaunt erwachte Kaa am späten Nachmittag von einem Nickerchen. »Uaah«, gähnte sie und streckte wohlig ihren langen Körper. Dann rollte sie sich zusammen und überlegte, wie sie sich die Zeit bis zum Abendessen vertreiben könnte. »Eigentlich habe ich Lusssst, jemanden zu ärgern«, kicherte sie vor sich hin, »die Frage ist nur, wen.« Baghira? Doch Baghira war zu schlau. Die Affen? Ach, das war langweilig, denn die ärgerten sich ohnehin über Kaa. »Öfter mal was Neuesss!« meinte Kaa schließlich und begann vor Übermut zu tänzeln. Sie würde Balu ärgern, den tollpatschigen Bären! Das machte bestimmt Spaß. »Mit meiner Lissst und Tücke«, sang Kaa vor sich hin, »werde ich den Bären schon tanzen lassen, hihi.« Und schon glitt sie davon, um den ahnungslosen Balu in seiner Höhle aufzusuchen. »Guten Tag, lieber Balu!« zischte sie aufgeräumt, als sie um die Ecke bog. »Wie geht es dir sssso, mein Freund?«

Balu wird verzaubert

»Könnte gar nicht besser gehen«, antwortete Balu heiter, »ich habe ausgezeichnet gespeist.« – »Ssso, ssso«, kicherte Kaa, richtete tänzelnd ihren Oberkörper auf und riss berückend ihre magischen Augen auf. Balu sah sie treuherzig an, ohne an die Gefahr zu denken. »Du bist heute aber vergnügt«, konnte er gerade noch sagen – und dann war er verloren. »Sssehr vergnügt, ja«, zischelte Kaa und rollte so wild mit den Zauberaugen, dass Balu ganz schwindlig wurde. »Und ich werde immer vergnügter«, summte Kaa, während der arme Balu torkelnd versuchte, das Gleichgewicht zu halten. »Jetzsst bissst du in meiner Macht«, sang Kaa fröhlich, »ach, wie issssst dass schön.« Ach, Balu! Natürlich konnte er nicht ahnen, dass die freche Schlange ausgerechnet ihn hypnotisieren wollte, aber er hatte ein wichtiges Dschungelgesetz außer Acht gelassen: Schau Kaa niemals direkt in die Augen!

Der Tanzbär

»Und jetzt tanzzzz, dicker Bär!« befahl Kaa und summte ein lustiges Liedchen. Schwerfällig setzte sich Balu in Bewegung. »Sssssschneller, ssssssschneller!« zischelte die Schlange, und keuchend wirbelte der tolpatschige Bär im Kreis herum, während Kaa mit der Schwanzspitze den Takt schlug. »Uff, uff«, japste Balu und wischte sich den Schweiß von der Stirn. »Hihihi«, kicherte Kaa boshaft, »auf die Weise wirst du ein bisschen dünner, Balu.« Doch dann beendete sie den Tanz plötzlich mit einem scharfen Pfiff und zischte: »Und jetzsst nimmt Balu, der Bär, für Kaa ein paar hübsche Vogelnester aus. Hopp!« Benommen tappste Balu durch den Urwald. Niemals hätte er Vogeleier gestohlen, wäre er nicht in Kaas Gewalt gewesen. So aber legte er der gierigen Riesenschlange ein Ei ums andere vor und sah zu, wie sie die Eier ausschlürfte. »Köstlich«, meinte Kaa zufrieden, »so eine glänzende Idee hätte ich schon früher haben sollen.«

Mogli greift ein

Es war kurz vor Sonnenuntergang, da kam Mogli auf dem Weg zum See an einem großen Baum vorüber. Verwundert sah er, dass Balu, der Bär, der sonst nicht gerne kletterte, ganz oben in der Krone hing und in einem Vogelnest stöberte. »Was machst du denn da oben, Balu?« rief Mogli, aber der Bär schien ihn gar nicht zu hören. Und dann bemerkte Mogli die gut gelaunt tänzelnde Schlange. »Ach je!« murmelte er erschrocken. »Kaa hat Balu verzaubert!« Der arme Balu! Keuchend kam er gerade wieder herabgeklettert und brachte Kaa einige Vogeleier, die er in seiner Tatze trug. »Und jetzssssst«, befahl Kaa in diesem Augenblick, »kletterssssst du auf den Tamarissskenbaum dort. Aber ganz hinauf! Bis in den Wipfel!« Und dabei rollte sie so sehr ihre hypnotischen Augen, dass auch Mogli schon ganz schwindlig wurde. O je, dachte er, wenn Balu von diesem Baum herunterfällt, bricht er sich alle Knochen. Ich muss ihn unbedingt aus Kaas Bann befreien!

Der Bann wird gebrochen

Vorsichtig schlich Mogli sich an. Kaa durfte ihn keinesfalls entdecken! Wenn sie auch ihn noch verzauberte, waren sie wohl beide verloren. Darum schloss Mogli fest die Augen, während er auf den Rücken des Bären kletterte. Dann hielt er Balu mit beiden Händen die Augen zu und rief: »Wach auf, Balu, wach auf! Kaa hat dich verzaubert!« Zischend vor Zorn wand sich die Schlange im Gras und rollte die Zauberaugen, aber sie bekam Balu nicht mehr in ihre Gewalt. Und da dieser die magischen Augen nicht mehr sah, erwachte er aus der Hypnose. Mogli hatte den Bann gebrochen. Immer wieder rief er: »Wach auf, wach auf!« bis Balu endlich verwundert fragte: »Was ist los? Wo bin ich?«
»Kaa hatte dich verzaubert«, erklärte Mogli. Kaa aber schlängelte schnaubend vor Wut zum Bach. »Dir werd ichsss schon noch zzzzeigen, Mogli«, zischte sie grimmig, »einessss Tages werde ich auch dich verzzzzaubern.«

139

Ein sehr kurzer Tag
Eines Tages geschah im Dschungel etwas sehr, sehr Seltsames. Mogli und die kleinen Wölfe hatten gerade Unterricht bei Balu, als plötzlich und viel zu früh die Nacht hereinbrach. Wie konnte das geschehen? Es war doch noch nicht einmal Mittag! »Sonderbar«, murmelte Balu und unterbrach seinen Vortrag. Wohin war dieser Tag entschwunden? Wo war die Zeit geblieben? Hatte die Sonne nicht eben noch hoch am Himmel gestanden? Wie hatten sich nur so sehr täuschen können? »Ich bin überhaupt noch nicht müde!« stellte Mogli verwirrt fest. »Dieser Tag war so kurz, dass wir gar nicht zum Mittagessen gekommen sind.«
»Tja, es ist ein Rätsel«, meinte Balu, »aber so wie es aussieht, ist uns heute die Zeit davongerannt. Ich denke, wir sollten die Schule für heute beenden und ins Bett gehen.« Und damit stapfte er in seine Höhle, um sich zum Schlafen hinzulegen.

Sternlose Nacht
Langsam wanderten Mogli und seine Brüder durch die Finsternis, als Mang plötzlich mit leisem Flügelschlag an ihnen vorbeihuschte. »Das war ein kurzer Tag«, fiepte sie, »ich bin noch gar nicht ausgeschlafen. Aber es hilft nichts, ich muss auf die Jagd gehen.« Damit war sie auch schon davongeflattert, hinter einer brummenden Fliege her. Ein paar Augenblicke später ertönte ein Zwitschern und Tirilieren aus unzähligen Vogelkehlen. Natürlich! Die Vögel gingen niemals ins Bett, ohne ein Abendlied zu singen. »Gute Nacht! Schlaft gut und träumt süß!« zwitscherten sie, ehe die Stille der Nacht sich über den Dschungel senkte. Mogli und die Brüder gingen weiter und trafen das kleine Ikki, dem sich vor Angst und Verwirrung die Stacheln sträubten. »Ein seltsamer Tag war das heute«, murmelte es, »wie kann es nur so plötzlich stockfinster werden? Es gab ja nicht einmal eine Dämmerung!« Mogli und seine Brüder sahen einander an. Ikki hatte Recht!

Das Rudel bricht auf

Alles war so merkwürdig heute. Zuerst ein viel zu kurzer Tag, und dann war es plötzlich stockfinstere Nacht. Nicht einmal der Mond stand am Himmel! Als Mogli und seine Wolfsbrüder zum Versammlungsplatz des Rudels kamen, wanderten die Wölfe bereits unruhig hin und her, während Akela auf seinem Felsplatz eine Rede hielt. »Freunde«, sagte er gerade, »es ist ein großes Rätsel, weshalb die Finsternis heute so schnell über den Dschungel hereingebrochen ist. Doch das Gesetz der Wölfe will es, dass wir zu jagen beginnen, sobald es dunkelt.« Doch kaum standen die Wölfe in Reih und Glied, um auf Akelas Signal zu warten, da wurde es plötzlich wieder Tag! Von einem Augenblick auf den anderen fiel das blendende Licht der Sonne über den Versammlungsplatz.

»Also, jetzt verstehe ich überhaupts nichts mehr«, murmelte der alte Akela ratlos, »Tag, Nacht, Tag – ja, ist denn der Himmel verrückt geworden?«

Eine Sonnenfinsternis!

Und sogleich setzte wieder das Zwitschern und Tirilieren der Vögel ein. »Es ist Tag! Es ist Tag!« sangen sie und begannen verwundert ihr Gefieder zu putzen. »Nun brat mir aber einen Storch«, brummelte auch Balu und tapste verdutzt aus der Höhle. »Mir scheint, heute treibt der Himmel seinen Schabernack mit uns.«

Da ließ ein dröhnender Trompetenton die Luft erzittern. »Der alte Hathi!« sagte Mogli zu den Wölfen. »Seid still, ich glaube, er will uns etwas mitteilen.«

»Meine Freunde!« rief Hathi laut durch den Dschungel. »Alle mal herhören! Ich kann euch erklären, was gerade geschehen ist: Wir hatten eine Sonnenfinsternis! Mein Urgroßvater, der Leibelefant des indischen Fürsten, hat so eine Sonnenfinsternis einmal erlebt und mir genau erklärt, was dabei geschieht. Der Mond hat sich vor die Sonne geschoben und sie ganz verdeckt. Daher war es plötzlich so dunkel.« Die Welt ist voller Wunder, dachten die Tiere erstaunt – und gingen endlich zum Mittagessen.

141

Roccos Wette

Wie die meisten Papageien konnten auch Rocco und Rikki ganz ausgezeichnet die Stimmen anderer Tiere nachahmen. Sie konnten heulen wie Tabaki, der Schakal, keckern wie Tschi-Tschi, die Affenkönigin, balzen wie Schawi, der Pfau, brummeln wie Balu, der Bär, und sogar Worte sprechen, wie Mogli, der Menschenjunge. Nur eines beherrschten die beiden bunten Vögel noch nicht, und das war das gefährliche Brüllen und Fauchen des alten Shir Khan.
»Wetten, dass ich es schaffe, wie Shir Kahn zu brüllen«, meinte Rocco eines Tages zu Rikki, seinem Papageienweibchen. »Das schaffst du nie!« erwiderte Rikki. »Na, das wollen wir doch mal sehen«, meinte Rocco großspurig und hüpfte zu einem abgelegenen Platz im Dschungel. Und dort begann er zu üben. »Kchchch«, machte er, bis seine Kehle dick und rauh wurde. »Rrrrrrr! Rarrrrrr! Uääh!« Oh, es klang schaurig! Doch zum Glück war er so weit entfernt, dass niemand ihn hören konnte.

Rocco, der große Künstler

»Wenn das nicht Shir Khan ist, wie er leibt und lebt«, meinte Rocco nach einer Weile zufrieden, »dann will ich niemals mehr eine Stimme nachahmen.« Aufgeregt hüpfte er zu Rikki, um seine Künste vorzuführen.
»Na, du großer Shir Khan?« fragte sie spöttisch. »Was macht dein Gebrüll?«
»Rrrrrr«, machte Rocco da, und: »Rarrrrrr! Uääh!« Es klang so echt, dass Rikki einen erschrockenen Satz zur Seite machte.
»Um Gottes willen«, sagte sie entgeistert, »hast du mich aber erschreckt!«
»Tja«, meinte Rocco triumphierend, »du hast wohl geglaubt, Shir Khan sei in der Nähe.« Rikki senkte ihren gefiederten Kopf. »Ich habe zwar gewusst, dass du ein großer Künstler bist«, sagte sie bewundernd, »aber dass du so viel kannst, das hätte ich nie vermutet.« Vor Stolz schwoll Rocco die bunte Papageienbrust. »Na, dann wollen wir doch gleich mal zur Lichtung flattern«, meinte er, und gemeinsam mit Rikki flog er los.

Rocco als Shir Khan

»Rrrrrr«, knurrte es plötzlich am Bach, wo Kaa gerade verträumt ihre Schwanzspitze badete. Die Schlange hielt den Atem an. War der alte Tiger wieder unterwegs? Schnell schlüpfte sie in eine Höhle und rollte sich zusammen, da fauchte es bereits ganz in ihrer Nähe: »Rarrrrr!« - »Uäääh«, ertönte das tiefe, gefährliche Gebrüll des Tigers. »Schnell! Shir Khan ist unterwegs!« gluckste Schawi, der Pfau, und suchte mit geplustertem Gefieder das Weite. »Shir Khan ist unterwegs!« riefen auch die kleinen Wölfe und verschwanden wie der Blitz in der Wolfshöhle. Rocco strahlte vor Glück. Das war eine großartige Nummer! Knurrend und fauchend näherte er sich Biffi, die auf einer Platane hockte und versonnen ihr Fell nach Läusen absuchte. »Kchchch!« machte er, und: »Rrrr!«, und schon nahm das Affenmädchen kreischend Reißaus. Das war ja herrlich! »Welchen Respekt alle Tiere plötzlich vor mir haben!« sagte Rocco lachend zu Rikki.

Shir Khan persönlich

Vergnügt hüpften die Papageien über die Lichtung. Dort graste friedlich die Elefantenherde, doch selbst die Größe eines Hathi konnte Rocco heute nicht beeindrucken. »Rarrrrr!« fauchte er so drohend, dass die grauen Riesen laut trampelnd davonrannten. Voller Begeisterung ließ Rocco noch ein weiteres »Uuuuääh!« ertönen. Er war so vertieft in sein Brüllen, dass er den echten Shir Khan gar nicht bemerkte, der durchs Unterholz schlich. »Was will ein fremder Tiger in meinem Revier?« brüllte Shir Khan plötzlich los, und Rocco zuckte zusammen - das war die Stimme des richtigen Shir Khan! »Schnell, Rikki!« kreischte er mit seiner normalen Papageienstimme. »Shir Khan hält mich ebenfalls für einen Tiger! Wir müssen sofort verschwinden!« Ängstlich flatterten die beiden Vögel auf und machten sich davon. Aus sicherer Entfernung aber rief Rocco stolz: »Na bitte! Sogar Shir Khan hat geglaubt, ich sei ein Tiger wie er!«

Die große Neuigkeit

Große Aufregung herrschte bei den Tieren. Der Maharadscha war unterwegs und würde mitten durch den Dschungel ziehen! Mogli hatte diese Neuigkeit von Sambaai erfahren und sie allen Tieren weitererzählt. »Der Maharadscha muss gelegentlich durch sein Land reisen«, erklärte Hathi mit gewichtiger Miene, »denn er will doch wissen, wie groß und wie herrlich es ist.« Und dann setzte er hinzu: »Vielleicht ist mein Vetter Muthi dabei. Er lebt als königlicher Lastenträger bei Hofe.« Na, ihr könnt euch denken, wie gespannt Mogli und die Tiere auf die Ankunft des Maharadschas warteten! Tagelang saß Mogli in einem Baum am Rand des Urwalds, um die Ankunft des Herrschers nur ja nicht zu versäumen.
Und dann war es endlich so weit. »Ich sehe ihn!« schrie Mogli begeistert und wies auf ein winziges Pünktchen in der Ferne, das langsam größer und größer wurde.

Der Zug des Maharadschas

Böllerschüsse und Trompetenfanfaren kündeten von der Ankunft des Maharadschas, und in einer großen Staubwolke näherte sich die Prozession des Fürsten dem Dschungel. Was war das für ein herrlicher Anblick! Mogli, der seinen Aussichtsbaum verlassen hatte, kam aus dem Staunen gar nicht mehr heraus. Zuerst kamen Soldaten in prächtigen Uniformen. Sie knallten mit Peitschen und schossen mit Gewehren in die Luft. Dann folgten die Musiker, deren goldene Trompeten, Posaunen und Trommeln im Licht der Sonne blitzten. Hinter den Musikern aber ging mit gemessenem Schritt der stattlichste Elefant, den Mogli je gesehen hatte. Er war ganz und gar weiß, und auf seinem Rücken schaukelte eine prachtvoll verzierte Sänfte. In dieser Sänfte saß der Maharadscha. Ehrfürchtig betrachtete Mogli den Fürsten. Ein mit Diamanten geschmückter Mantel floss von seinen Schultern, und auf dem Kopf trug er einen smaragdglitzernden Turban.

Die Tiere fürchten sich

Doch der Maharadscha war nicht allein unterwegs. Neben ihm saß die Maharani, seine Frau. Sie trug ein purpurrotes Kleid, und der Schleier, der ihr Gesicht verhüllte, war mit jadegrünen Perlen bestickt. Und hinter dem Tragetier des Fürsten zogen andere Elefanten, die die Sänften der Fürstenkinder und der Minister, der Diener und der Hofdamen trugen. »Ist das nicht wunderschön«, flüsterte Mogli und sah sich nach seinen Freunden um. Doch wo waren sie nur? Mogli blickte suchend durch das Unterholz – und dann sah er sie. Angstvoll zitternd hatten sich die Tiere zusammengekauert.
»Was habt ihr denn?« fragte Mogli verwundert. »Wollt ihr die prächtige Prozession des Maharadschas nicht sehen?«
»Eigentlich schon«, erwiderte Baghira leise, »aber die Soldaten feuern Schüsse ab. Und wehe, wenn ein solcher Schuss einen von uns trifft.« Mogli wurde traurig. Da war sie wieder, die alte Feindschaft zwischen Menschen und Tieren.

Eine Bitte an den Maharadscha

»Wisst ihr was?« meinte er. »Ich werde mich dem Maharadscha zu Füßen werfen und ihn bitten, euch nicht zu verletzen. Dann könnt ihr die Prozession auch ansehen.« Das war ein mutiger Plan, denn Mogli war ja nur ein kleiner Junge und hatte noch nie im Leben mit einem Fürsten gesprochen. Doch ohne zu zögern, warf er sich vor den Elefanten des Maharadschas und küsste nach indischer Sitte die Erde. Staub wirbelte auf, als die Prozession plötzlich Halt machen musste.
»Mein Fürst, mächtiger Maharadscha unseres Landes«, begann Mogli, und seine Stimme zitterte ein wenig, »ich bin Mogli. Ich bin bei den Tieren des Dschungels aufgewachsen und spreche ihre Sprachen. Und im Namen aller Tiere möchte ich eine Bitte an dich richten.« Verwundert blickte der Maharadscha auf den kleinen, nackten Jungen, der da vor ihm im Staub kniete.

In der Sänfte

»Steh auf, Mogli«, sagte er schließlich, »und trage mir deine Bitte vor.« Und dann ließ er eine kleine goldene Trittleiter hinab und befahl Mogli zu sich in die Sänfte. Mit klopfendem Herzen kletterte Mogli hinauf.
»Die Tiere, ehrwürdiger Maharadscha«, sagte er, »haben große Angst vor den Gewehr- und Böllerschüssen deiner Soldaten. Da sie aber gerne deine Prozession bewundern würden, bitten sie dich, nicht weiter schießen zu lassen.«
»Die Bitte sei dir gewährt«, meinte der Fürst und gebot den Soldaten Einhalt. Überglücklich rutschte Mogli über den Rüssel des weißen Elefanten wieder auf die Erde.
»Freunde!« rief er schallend in den Dschungel. »Kommt alle her!« Und alle kamen angelaufen: Baghira in eleganten Sprüngen, Balu mit tapsenden Schritten, Kaa heiter schlängelnd, die Wölfe mit begeistertem Jaulen und Hathi trompetend. Und ehrerbietig verneigten sie sich alle vor dem Fürsten.

145

Sternschnuppen

Mogli und die Wölfchen jubelten, denn heute abend durften sie bei Balu bleiben. Wie herrlich war es, zusammen mit Ikki unter dem strahlenden Sternenhimmel zu sitzen und Balus Geschichten zu lauschen. »Es war einmal ein kleines Nilpferd ...«, fing der Bär gerade an, da schoss plötzlich etwas Helles über den nachtschwarzen Himmel. Mogli blickte verwundert nach oben, und da sah er erneut einen leuchtenden Streifen, der aufblitzte und gleich wieder verglühte. Und dann folgte noch einer und noch einer und noch einer...

»Was ist denn das?« fragte er und deutete hinauf zum sternenklaren Himmelszelt.
»Es sieht aus, als ob die Sterne plötzlich kleine Schwänzchen bekommen.«
»Das sind Sternschnuppen«, erklärte der Bär und fragte: »Soll ich euch etwas von der Sternschnuppe erzählen?«
»Au ja!« riefen seine Zuhörer, und während Sternschnuppe um Sternschnuppe durch die Nacht sauste, erzählte Balu.

Die Geschichte der Sternschnuppe

»Es war einmal vor vielen, vielen Millionen Jahren«, begann Balu, »als es den Dschungel noch nicht gab, und auch weder Elefanten noch Menschen. Und nicht einmal Bären. Es gab nur das Weltall, in dem so viele Sterne blinkten und funkelten, dass die Sandkörner am Meer nicht ausreichen, sie zu zählen. Das Weltall ist nämlich unermesslich weit, und wer seinen unendlichen Raum durchqueren möchte, braucht viele Millionen Jahre dazu.« Staunend lauschten Mogli, Ikki und die Wölfe Balus Geschichte. »Nun, lange, lange vor unserer Zeit«, fuhr Balu fort, »da tanzte einmal ein besonders neugieriges und vorwitziges Himmelsgestirn durch das Weltall. ›Ich möchte doch zu gern wissen, wie es anderswo zugeht‹, sagte es sich. Weil aber ein Himmelsgestirn nicht einfach durch das Weltall sausen kann, schickte es einfach ein paar Steine auf die Reise. Und diese Steine sind die Sternschnuppen, die ihr heute am Himmel aufzucken seht ...«

Brennendes Sterngestein

»... Und so wirbelten die Steine durch den unendlichen Weltenraum. Immer schneller sausten sie dahin, und weil sie so schnell waren, wurde ihnen immer heißer. Bald war die Hitze so groß, dass sie Feuer fingen und nach kurzer Zeit lichterloh brannten. Doch ehe sie auf ihrem Weg zu einem anderen Stern endgültig verglühten, beschlossen sie, dass alle Lebewesen, die noch einen Funken ihres Lichts von der Erde aus sehen, einen Wunsch frei haben. Deshalb dürft ihr euch etwas wünschen, wenn ihr einen dieser brennenden Steine, die man Sternschnuppen nennt, am Himmelszelt seht«, schloss Balu seine Erzählung. Oh, wie war das spannend! Das Licht der Sternschnuppen war Millionen Jahre alt! Gebannt blickten Balus Zuhörer auf zum Firmament, wo abertausend Sterne flimmerten. Da! Schon wieder zuckte ein Lichtstreif über den Himmel. Balu, Ikki, Mogli und die Wölfchen schlossen die Augen. Und jeder von ihnen wünschte sich etwas.

Sternschnuppenträume

»Bitte, bitte, liebe Sternschnuppe«, dachten die kleinen Wölfchen, »mach, dass wir einmal große Jäger werden.«
»Bitte, bitte, liebe Sternschnuppe«, dachte Ikki, »mach, dass ich einmal mit meinen Stacheln den bösen Shir Khan vertreiben kann und mich dann der ganze Dschungel für meinen Mut und meine Tapferkeit feiert.«
Auch Balu wünschte sich etwas. »Bitte, bitte, liebe Sternschnuppe«, dachte er, »mach, dass viele Bienenvölker durch den Dschungel ziehen. Und dass die Palmen so viele Kokosnüsse tragen, dass meine Vorräte niemals ausgehen.« Mogli aber dachte: »Bitte, bitte, liebe Sternschnuppe, mach, dass ich immer im Dschungel bei meinen Freunden bleiben kann.« Und dann überlegte er eine kleine Weile und fügte hinzu: »Und dass die Tiere und die Menschen wieder Freunde werden.«
So verging die Nacht mit Wünschen und Träumen, und immer wieder zuckte eine Sternschnuppe am Himmel auf und kündete von einer Zeit, die viele Millionen Jahre zurücklag.

Sambaai in Not
Eines Abends konnte Mogli Sambaai nirgendwo entdecken. Weshalb saß er nicht wie gewöhnlich am Ufer des Waigunga und spielte Flöte? Da hörte Mogli ein lautes Rufen. »Ugli!« erklang eine verzweifelte Stimme. »Ugli! Wo bist du?« So schnell er konnte, rannte Mogli flussaufwärts – wem galten diese angstvollen Rufe? Da sah er Sambaai, dem dicke Tränen übers Gesicht liefen. »Mogli, wie bin ich froh, dass du da bist«, begrüßte ihn Sambaai. »Ugli, mein kleinstes Lamm, ist verschwunden. Wenn ihm etwas geschehen ist, werde ich vom Dorfältesten schrecklich bestraft.« Dann legte Sambaai die Hände an den Mund und rief: »Ugli! Ugli, wo bist du?« Tonka, die gescheckte Kuh, wedelte bekümmert mit dem Schwanz. »Kannst du Sambaai nicht helfen, Mogli?« fragte sie. »Der arme Junge ist ganz verzweifelt, denn mit den Stockhieben des Dorfältesten ist nicht zu spaßen.« Dann überlegte sie einen Moment und fügte hinzu: »Sag den Wölfen, dass sie Ugli nicht reißen dürfen.«

Mogli holt die Wölfe
Mogli überlegte. Wo mochte das kleine, weiße Lamm nur stecken? Dann rief er Tonka zu: »Ich laufe zu den Wölfen! Sag Sambaai Bescheid, dass wir ihm helfen werden.« Tonka nickte mit ihrem schweren Kopf, und Mogli trabte davon.
»Mutter Wolf, Mutter Wolf!« rief er, noch ehe er bei der Wolfshöhle angelangt war. »Ihr müsst uns helfen! Sambaai hat ein Lämmchen verloren, und wenn er es nicht zurückbringt, wird er bestraft.«
»Oh, das ist schlimm!« meinte Mutter Wolf. »Ich habe nämlich eben von Baghira erfahren, dass Shir Khan am Fluss unterwegs ist. Akela soll sofort das Rudel zusammenrufen, damit wir die Spur des Lämmchens aufnehmen können.« Kurze Zeit später zog das Wolfsrudel unter der Führung von Akela schnüffelnd über die Wiesen. »Da ist eine Spur«, sagte der alte Leitwolf schließlich.

Zickzackspuren

Doch plötzlich machte Uglis Spur eine scharfe Wendung nach rechts, lief dann wieder nach links und dann erneut geradeaus, vom Fluss auf die Weiden, von den Weiden zum Dorf und von dort aus zurück in Richtung Dschungel. »Halt!« kommandierte Akela schließlich, nachdem die Wölfe eine ganze Weile hin- und hergelaufen waren. »Offenbar hat Shir Khan das Lämmchen verfolgt, und auf der Flucht vor dem Tiger ist es immer hin- und hergelaufen«, meinte der alte Wolf bekümmert. »Wir können nur hoffen, dass es ihm entkommen ist. Ich schlage vor, dass sich das Rudel in vier Teile teilt, damit wir alle Spuren verfolgen können, die Ugli hinterlassen hat.« Mit ernsten Gesichtern stimmten die Wölfe Akelas Vorschlag zu. Und dann trabten sie in vier verschiedene Richtungen. Nur Tapi, der kleine Wolf, blieb zurück, denn er beobachtete gerade fasziniert eine große Kröte, die im Uferdickicht ihre Eier ablegte.

Uglis Rettung

Auf der Suche nach den anderen Wölfen schnüffelte Tapi durchs Unterholz, als er ein leises Wimmern hörte. Tapi sah sich um. Da lag es ja, das kleine Lämmchen. »Mäh! Mäh!« machte es. »Hilf mir! Shir Khan ist in der Nähe!« Shir Khan! Da begann Tapi laut zu heulen, als sei ihm etwas geschehen, und tatsächlich kam das Wolfsrudel eilig angelaufen. Staunend sahen sie Tapi unversehrt neben dem weißen Lämmchen stehen. »Shir Khan ist in der Nähe«, berichtete Tapi aufgeregt. Doch Akela wusste Rat. »Shir Khan soll es mit der Angst bekommen!« sagte er. Und die Wölfe stimmten ein lautes Kriegsgeheul an. »Verschwinde, Shir Khan!« rief Akela. »Sonst hast du es mit vierzig Wölfen zu tun!« Vierzig Wölfe – das war selbst dem Tiger zuviel. Mit eingezogenem Schwanz trollte er sich flussabwärts, während Mutter Wolf das Lämmchen zwischen ihre Lefzen nahm. »Da hast du dein verlorenes Schäfchen wieder«, sagte sie zu Sambaai, und der Junge fiel ihr überglücklich um den Hals.

Mogli hat eine Idee

Der Waigunga war ein breiter Strom, der träge durch die weite indische Landschaft floss. Wenn die Regenzeit kam, schwoll er mächtig an und trat über die Ufer; dann überschwemmte er das ganze Land, und Sträucher, Felder und sogar die Hütten der Dorfbewohner standen im Wasser. Sonst aber war er ein ruhiges Gewässer, in dem sich fröhlich die Fische tummelten. Und jeden Tag setzte mehrmals ein Floß über, das Menschen, Kisten und große Säcke und anderes von einem Ufer zum anderen brachte. Während Mogli in der Nachmittagshitze dösend am Ufer saß und dem Flößer bei der Arbeit zusah, überlegte er, wie schön es jetzt wohl auf einem solchen Floß sein müsste – vom kühlen Wasser umgeben sah man die schöne Landschaft an sich vorüberziehen. Ob man so ein Floß auch selbst bauen konnte? Aus Baumstämmen und Lianen ..., wenn die Tiere ihm halfen, musste es gehen. Oh, das wurde bestimmt herrlich! Und vielleicht würden sie sogar bis zum Meer gelangen!

Ikki, das nützliche Nagetier

»Balu, wir sollten uns ein Floß bauen!« rief Mogli aufgeregt. »Ein Floß?« Der dicke Bär überlegte. »Warum eigentlich nicht?« Und bald war es im ganzen Dschungel bekannt: Mogli baut ein Floß. »Ein Floß!« tönte es bald darauf aus allen Sträuchern, Bäumen und Höhlen, »wir bauen ein Floß!« Und schon standen sie alle am Ufer des Waigunga und wollten unbedingt mithelfen: Baghira, die Wölfchen, Kaa und Biffi, Hathi und Schawi – ja, selbst Tschi-Tschi, die Affenkönigin, bot ihre Dienste an. Und ganz zuletzt stapfte das kleine Ikki auf seinen kurzen Beinchen herbei und fragte zerstreut: »Ich habe gehört, hier soll etwas gebaut werden?« – »Ikki!« rief Mogli da. »Du kommst genau recht! Dich brauchen wir nämlich!« – »Ihr braucht mich?« meinte Ikki überglücklich – denn sonst wurde es nicht gerade häufig gebraucht. »Ja, du musst Baumstämme annagen«, meinte Mogli, »damit Hathi sie fällen kann.« Da war Ikki aber stolz. Es begann kraftvoll zu knabbern, und nagte einen Baum nach dem anderen rundum an.

150

Der Bau

Und dann schritt Hathi auf seinen dicken, faltigen Elefantenbeinen zur Tat. »Hau ruck«, sagte er mit einem tiefen Trompetenton. Und kratsch – plumps! fielen die angenagten Bäume um. Dann brachen die Tiere Äste und Zweige ab, soweit Ikki sie nicht bereits abgenagt hatte, und Mogli und Balu machten sich an die Arbeit. Sie banden mit dicken Lianen die glatten Baumstämme aneinander – und dann war das Floß fertig. »Hurra«, jubelte Mogli. »Wer will mitfahren?« – »Ich, ich, ich!« schrien die kleinen Wölfchen, doch die übrigen Tiere zogen die Köpfe ein. »Lieber nicht«, meinte Hathi, »ich fürchte, ich bin zu schwer.« – »Auf ein Floß? Niemals!« schrie Tschi-Tschi und floh geckernd in den nächsten Baum.
Auch Baghira fuhr zweifelnd über seine Barthaare. »Hm, das nächste Mal vielleicht«, sagte er hastig und verschwand eilig im Dickicht des Dschungels.

Auf froher Fahrt

Mogli staunte. Was waren das nur für Feiglinge! »Aber du fährst doch sicher mit, Balu!« sagte er. »Du musst mir beim Steuern helfen!«
»Ach, weißt du«, meinte da der dicke Bär, »ich bin kein Freund von nassem Wasser.«
»Keine Widerrede, ich brauche dich!« befahl Mogli, und dann ließen sie das Floß zu Wasser. Begeistert sprangen Kapitän Mogli und die Wölfchen auf das schaukelnde Gefährt. Dann kam ächzend, schnaufend und unter viel Weh und Ach der tolpatschige Bär hinterhergeklettert. »Huhu, ich werde bestimmt seekrank«, jammerte er, als er endlich auf dem Floß saß. Aber schon ging es los.
»Hurra, wir fahren!« schrien Mogli und die Wölfe und winkten den zurückbleibenden Tieren zu. Staunend sahen Mogli und seine Gefährten die Landschaft an sich vorbeiziehen. Und wenn ein Flusskrokodil mit breitem Grinsen grüßte oder eine Wasserschildkröte an ihnen vorüberpaddelte, grüßten sie mit einem fröhlichen »Hallo!«

In Seenot

»Mogli!« zischte da plötzlich eine Stimme vom Ufer her. Das war Kaa, die aufgeregt schlängelnd dem Floß gefolgt war. »Wenn du zzzum Meer kommst, dann grüsssss meine Tante, die Seeschlange Xssssssi! Sie isssst zwar bösse und giftig, aber ...«
Doch weiter kam Kaa nicht, denn plötzlich wurde das Floß herumgewirbelt. »Festhalten!« rief Mogli. »Wir sind in einem Strudel!« Mit aller Kraft versuchte er, mit der langen Stange das Floß gegen die herumwirbelnden Wassermassen zu steuern. »Wir sinken!« schrie Balu, der von einer Seite des Floßes zur anderen purzelte. Doch zum Glück war Kaa in der Nähe! »Schnell, bind mir das Ssseil um, Mogli«, zischte sie und glitt ins Wasser. Blitzschnell wand Mogli die Liane um Kaas mächtigen Leib, und dann zog Kaa, sie zog und zog, bis die Freunde das rettende Ufer erreicht hatten.
»Nie mehr steige ich auf dieses Floß«, schwor Balu grimmig. Aber auch Mogli und die Wölfchen waren froh, dass ihr Flussabenteuer beendet war.

Tabaki hat Kummer

Heulend zog Tabaki, der Schakal, durch die Abenddämmerung. »Huuuuh, huuuuh«, klang es schaurig aus dem dunklen Gebüsch, während schon die ersten Vögel ihr Abendlied zwitscherten. »Was hat Tabaki denn?« fragte Balu seine Freundin Mang, die eben zur Jagd aufbrechen wollte. »Ach«, piepte sie, »er wird wohl nichts zu fressen finden. Das schadet dem gemeinen Kerl gar nichts.« Und damit flatterte sie zu einem Moskitoschwarm, der im Dämmerlicht tanzte. Doch ausnahmsweise hatte die schlaue Mang sich getäuscht, denn der Grund für Tabakis Traurigkeit war ein ganz anderer. »Huuuh«, schluchzte er, »warum habe ich nur keinen Freund? Warum mag mich niemand?« Ach, es hörte sich jämmerlich an, wie er durchs Unterholz schlich und sein Unglück beklagte. Und da begegnete ihm Ikki, das gutmütige und zerstreute Stachelschwein. »Was hast du denn, Tabaki?« fragte es voller Mitgefühl.

Freundschaft mit Tabaki

»Ach, ich – ich«, stotterte Tabaki, »ich bin so traurig, weil ich keinen – keinen einzigen Freund auf der Welt habe, huuuuh.«
»Du Ärmster, das ist ja schrecklich«, meinte Ikki bestürzt. »Freunde braucht jeder!« Und dann fragte es etwas schüchtern: »Soll ich denn dein Freund sein?«
»Oh, willst du das wirklich?« fragte der Schakal. »Das wäre ja schrecklich nett von dir.« Und die beiden reichten einander die Pfoten.
– Aber Tabaki wäre nicht Tabaki gewesen, wenn er nicht auch dabei eine Gemeinheit im Sinn gehabt hätte. In seinen Augen glomm ein bösartiger und berechnender Glanz, als er feststellte: »Freunde helfen einander immer, habe ich gehört.«
Das gutmütige Ikki aber bemerkte den falschen Klang in seiner Stimme gar nicht. »Natürlich werde ich dir immer helfen, wenn ich dein Freund bin!« rief es. »Du musst mir nur sagen, was du brauchst.«

Auf dem Weg ins Dorf

»Bist du nicht schon einmal im Dorf gewesen?« fragte der Schakal mit listigem Augenaufschlag. »Ja«, antwortete Ikki und ließ bei dieser Erinnerung seine Stacheln sinken, »aber das war eine schreckliche Erfahrung.«
»Aber du weißt doch bestimmt, wo die Hühnerställe sind?« fuhr der Schakal fort.
»Wenn du mein Freund bist, dann führst du mich hin.«
»Ich soll dich ins Dorf führen?« fragte Ikki verwirrt. »Nein, ins Dorf gehe ich nie wieder.« Doch da ließ Tabaki ein so jämmerliches Heulen hören, dass Ikki das Herz wehtat. »Huuuhuuuu«, heulte Tabaki, »und du willst mein Freund sein!« Was sollte Ikki nur tun? Wie sollte es Tabaki zeigen, dass es ein wirklicher Freund war?
»Na gut«, sagte es schließlich zögernd, »ich gehe mit dir ins Dorf.« Und so kam es, dass das kleine Ikki mit klopfendem Herzen neben dem listigen Schakal über die Äcker wanderte. Oh, es hatte solche Angst!

Nachts im Dorf

Leise schlichen die ungleichen Freunde an der Hütte des Dorfältesten vorbei. Töpfe klapperten, und aus dem Innern des Hauses drang der würzige Duft von gebratenem Fleisch, Kreuzkümmel und Koriander. Vor Gier lief Tabaki schon der Speichel aus dem Maul, während Ikki vor Angst mit den Zähnchen klapperte. »Wo sind die Hühnerställe?« fragte der Schakal flüsternd. Ikki wies auf einen kleinen Verschlag.
»Bleib draußen stehen und pfeife, wenn jemand kommt!« befahl Tabaki und verschwand im Stall. »Gack gack gack!« hörte Ikki die Hühner schreien, und »Kikeriki!« krähte der Dorfhahn. Kam da nicht schon der Dorfälteste mit einer großen Stange über den Platz? Nein, es war nur ein Baum, dessen Blätter sich leise im Wind bewegten.
»Komm schnell!« hörte es da Tabakis Stimme, und mit blutigem Maul kroch der Schakal aus dem Verschlag. Und dann rannten beide, so schnell sie konnten, am Flussufer entlang zurück.

Der treulose Freund

Ikki musste sich mit seinen kurzen Beinchen abmühen, um mit dem schnellen Schakal Schritt zu halten. »Warte!« keuchte es. »Warte doch, Tabaki!« Doch Tabaki, der erreicht hatte, was er wollte, kümmerte sich nicht mehr um das Stachelschwein. Und da machte es Platsch! Hilflos steckte Ikki in einem tiefen Schlammloch und zappelte. »Tabaki! Hilfe!« japste es atemlos, doch mit jeder Bewegung versank es nur noch tiefer im Schlamm. Aber Tabaki war längst davongelaufen. Jetzt endlich erkannte Ikki, was für ein Fehler die Freundschaft mit dem hinterhältigen Schakal gewesen war. Verzweifelt begann es zu weinen und schrie immer wieder um Hilfe. Da war es ein Glück, dass Baghira gerade am Fluss jagte und das zappelnde Ikki entdeckte! Er packte das kleine Stachelschwein, das bis zum Hals im Schlamm steckte, bei den Ohren und zog es aus dem Loch. »Tabaki wird nie wieder mein Freund sein«, schluchzte das kleine Stachelschwein. Das war Ikki eine Lehre!

Die Melone

Als Mogli eines Tages vergnügt durch den Dschungel schlenderte, hörte er auf einmal einen lauten Plumps. »Hoppla!« sagte er, als eine riesige grüne Kugel direkt vor sein Füße kollerte. Es war eine Melone – die größte Melone, die er je in seinem Leben gesehen hatte. Oje, ist die aber schwer, dachte Mogli, während er die Frucht hochhob. Mühsam schleppte er die riesige Melone durch den Dschungel. »Schade, dass mir Balu nicht beim Tragen helfen kann«, murmelte Mogli, und vor Anstrengung stand ihm der Schweiß auf der Stirn.

»Hallo!« sagte da jemand, und Sambaai trat auf ihn zu. »Das ist aber eine große Melone«, sagte der Dorfjunge bewundernd. »Ja«, antwortete Mogli etwas kläglich, »sie ist auch ziemlich schwer.«

»Schau her, was ich habe!« meinte Sambaai und jonglierte geschickt mit einer Mangofrucht. »Wenn du willst, können wir tauschen.« »Ich soll meine große Melone gegen deine kleine Mango eintauschen?« fragte Mogli empört. »Bestimmt nicht!«

Tauschgeschäfte

Doch je länger Mogli die Melone schleppen musste, desto mehr wurde sie ihm zur Last. »Ich glaube, ich tausche doch mit dir«, sagte er schließlich, »dein Heimweg ist viel kürzer – und so eine Mango schmeckt schließlich auch nicht schlecht.«

»Gut!« meinte Sambaai fröhlich und nahm die Riesenmelone entgegen. Uff! Die Melone wog ja bald so viel wie eine Kananonenkugel! »Viel Spaß beim Tragen!« rief Mogli kichernd und schlug erleichtert die andere Richtung ein. Haha, dachte er, so eine Mango war doch im Grunde viel besser als eine Melone. Doch was war das? Von seinen Fingern troff plötzlich etwas Klebriges. »Igitt«, schimpfte Mogli, »diese Mango ist ja schon ganz weich!«

»Mogli, Mogli!« kreischte da jemand, und Biffi schwang sich aus einem Baum. »Das ist aber eine schöne Mango!« sagte sie neidisch, »willst du sie nicht gegen meine Banane tauschen?«

»Eine Banane?« fragte Mogli empört, »eine Banane gegen eine so schöne Mango?«

Mogli, der Händler

»Zwei Bananen«, erwiderte Biffi sofort, »zwei köstliche, süße Bananen gegen eine einzige Mango.«

»Also gut«, willigte Mogli schließlich ein, »aber es müssen zwei sehr große Bananen sein.« Na, das war ein guter Tausch, denn Mogli war die klebrige Frucht los und hatte noch zwei große, schöne Bananen. Froh über sein Händlergeschick schlenderte er weiter, als ihm ein trauriges Stachelschwein begegnete. Bekümmert rollte Ikki eine große Pampelmuse vor sich her. »Was ist denn los, Ikki?« fragte Mogli. »Ach«, erwiderte das Stachelschwein, »ich habe solchen Hunger, aber diese Pampelmuse ist mir viel zu sauer.« Eine Pampelmuse! Das war doch etwas viel Leckeres als zwei langweilige Bananen. »Willst du sie gegen zwei Bananen tauschen?« fragte Mogli. Ikki strahlte, und eilig lief es mit den Bananen davon. Mit der Pampelmuse in der Hand ging Mogli weiter. Da ertönte ein lauter Trompetenton, und eine Mandarine kullerte vor Moglis Füße.

Pech gehabt

»Eine Pampelmuse!« sagte Hathi bewundernd. »Oh, wie ich diesen herrlich sauren Geschmack liebe«, setzte er hinzu. »Würdest du sie vielleicht gegen meine süße, saftige Mandarine tauschen?« Mogli überlegte einen Moment. Eigentlich mochte er Mandarinen viel lieber als Pampelmusen! »Aber gern«, sagte er, und schon hatten Mandarine und Pampelmuse den Besitzer gewechselt. »So«, meinte Mogli, »jetzt wird endlich gegessen.« Doch als er gerade die Hälfte der Schale entfernt hatte, kam Tschi-Tschi des Weges. »Halt!« schrie sie. »Mogli, ich habe etwas viel Besseres für dich! Das hier ist eine Limone! Hast du so was schon gegessen?« »Nein«, meinte Mogli neugierig. »Limonen sind die köstlichsten aller Früchte!« rief Tschi-Tschi. »Komm, wir tauschen!« Und schon hatte sie die Mandarine gepackt und war mit schrillem Lachen davongeturnt. Vorsichtig schälte Mogli die unbekannte Frucht und biss hinein. Brrrr, war das sauer! Wütend warf er die Limone ins Gebüsch. »Ach, hätte ich nur meine Melone behalten«, dachte Mogli. Jetzt hatte er gar nichts mehr!

Nächtliches Gespräch

Traurig kehrte Balu in seine Höhle zurück. Aber der Gedanke an den unerreichbaren Honig ließ ihn nicht zur Ruhe kommen. Schlaflos wälzte er sich auf seinem Lager hin und her, und als Mang von ihrer nächtlichen Jagd nach Hause zurückkehrte, hatte er noch kein Auge zu getan. »Was ist denn los mit dir, Balu?« fragte die Fledermaus verwundert, als Balu griesgrämig aus seiner Höhle tapste. Bedrückt erzählte der Bär Mang, die noch zufrieden an den Resten eines dicken Falters knabberte, von seinem Kummer. »Hör zu«, meinte sie schließlich, »wenn du den Honig wirklich willst, dann darfst du dich nicht von ein paar Stacheln abhalten lassen. Was meinst du, wie lang ich diesem Falter nachgejagt bin! Durch den ganzen Dschungel musste ich ihn verfolgen, aber ich habe nicht im Traum daran gedacht aufzugeben.« Balu überlegte. Eigentlich hatte Mang recht: Was waren schon ein paar Stacheln gegen so viel köstlichen Honig?

Ärger für Balu

Erinnert ihr euch noch, was sich Balu von der Sternschnuppe gewünscht hatte? Ganz viele Bienen, die ganz viel Honig herstellen. Und es schien, als habe die freundliche Sternschnuppe seinen Traum erfüllt, denn eines Tages schwärmte ein großes, unbekanntes Bienenvolk durch den Dschungel. »Hurra!« jubelte Balu mit seiner tiefen Brummstimme. »Frischer, köstlicher Honig für den Bären!« Doch leider, leider hatte die Sache einen Haken: Das Bienenvolk hatte sich nämlich ein Astloch ausgesucht, das hinter einem ganzen Wald von Kakteen lag. Und wie ihr alle wisst, haben Kakteen Stacheln, die unangenehm pieken. »So ein Jammer«, sagte Balu traurig und sah den Bienen zu, wie sie heiter um das Astloch surrten. »Da arbeiten und arbeiten diese Bienen, und niemand kommt an den Honig heran!«

Im Kakteenwald

Trällernd verließ Balu nach wenigen Stunden Schlaf seine Höhle. »Wen stören schon ein paar Stacheln«, sang er voller Tatendrang und hielt direkt auf den Kakteenwald zu. »Na los, Balu, das schaffst du schon«, sprach er sich selbst Mut zu, als ihm beim Anblick der stacheligen Pflanzen doch ein wenig mulmig wurde. »Augen zu und durch.« Und damit machte er sich vorsichtig auf den Weg durch die Kakteen. »Au!« schrie er auf, als ihn der erste Stachel ins Hinterteil piekte, und »Aua!«, als sich ein zweiter in seinen Bauch bohrte. »Au, ihr seid gemein!« rief der geplagte Bär den Kakteen zu, doch die dachten gar nicht daran, ihre Stacheln einzuziehen. Schließlich blieb der Bär stehen. »Honig, ade«, jammerte er, »ich muss sofort umkehren.« Das Astloch war noch so weit entfernt, und er steckte schon voller Stacheln. Auch auf dem Rückweg stachen die Kakteen zu, und so verließ Balu den Kakteenwald gespickt mit tausend Stacheln.

So viele Stacheln!

»Au, au, au«, jammerte der Bär immer wieder, während er zur Wolfshöhle tappte. »Balu, was ist denn mit dir passiert?« fragte Mogli seinen Freund, »du siehst ja stacheliger aus als Ikki, das Stachelschwein!« »Diese gemeinen Kakteen«, schimpfte Balu, »sie wollten mich nicht an den Honig lassen!« Kopfschüttelnd betrachtete Mogli seinen armen, stacheligen Freund. »Du bist wirklich der verfressenste Bär, den ich kenne«, meinte er schließlich, »komm her, ich zieh dir die Stacheln aus dem Pelz.« Ach, war das eine mühsame Angelegenheit. Stundenlang suchte Mogli das Fell des Bären nach Kakteenstacheln ab. Doch wer den Schaden hat, braucht für den Spott nicht zu sorgen – die Tiere wollten sich ausschütten vor Lachen, als sie von Balus verunglücktem Honigraub hörten. Nur Mogli und Biffi hatten Mitleid mit dem Bären. Sie kletterten nämlich einige Tage später zum Astloch hinter dem Kakteenwald, und brachten Balu eine Menge Honig mit.

157

Kein Regen in Sicht

Seit Tagen kreiste Tschil nun schon über dem Dschungel und hielt nach schwarzen Wolken Ausschau. Eigentlich sollte die Regenzeit längst angebrochen sein! An den Bäumen verwelkte das Laub, vom Badesee der Tiere war lediglich eine kleine Pfütze übrig, und der Bach war nur noch ein winziges Rinnsal. Viele Tiere litten Durst, und alle erwarteten sehnlichst den Beginn des großen Regens. So ungemütlich die Regenzeit auch sein mochte, sie war doch bitter notwendig für das Gedeihen der Pflanzen und Tiere.
»Schon wieder ein strahlender Himmel und eine lachende Sonne«, seufzte Baghira jeden Morgen und leckte sich vor Durst die Lippen.
»Ich habe solchen Durst«, jammerte auch Balu, der mit Mogli und seinen Brüdern in der glühenden Mittagshitze unter einer Palme schwitzte.
»Es geht nicht anders, Balu«, erwiderte Mogli, »jedes Tier darf nur einmal am Tag aus dem See trinken.«
Ja, so weit war es gekommen.

Das Gewitter

Und schon zuckte ein heller Blitz über den Himmel. Ein Gewitter! »Schnell!« rief Baghira. »Wir müssen Schutz suchen! Die große Regenzeit beginnt diesmal mit einem Gewitter!« Ein solches Gewitter hatten die Tiere seit vielen Jahren nicht mehr erlebt. Grell schossen die Blitze über den schwefelgelben Himmel, und die Donnerschläge krachten so mächtig, dass die Bäume wackelten. Ein heftiger Sturm fuhr durch die Äste. Balu, Baghira, die Wölfchen und Mogli saßen zitternd in Balus Höhle und verfolgten das bedrohliche Schauspiel durch den Höhleneingang. Doch was war das? Plötzlich leuchtete es rot auf, man hörte ein Prasseln, und dann kreischte jemand: »Feuer! Zu Hilfe, Feuer!« Die Rufe stammten von Tschil, der mutig durch die von Blitzen erfüllte Luft flog, um den Ausbruch des Feuers zu melden. »Die große Platane wurde vom Blitz getroffen!« schrie er. »Sie brennt lichterloh!«

Shir Khans Gemeinheit

Da könnt ihr euch gewiss vorstellen, wie zornig die Tiere wurden, als sie plötzlich ein lautes Prusten und Plätschern hörten.
»Das darf doch nicht wahr sein!« murmelte Baghira, als sie zur Wasserstelle kamen: Da wälzte sich doch fröhlich der alte Shir Khan in der flachen Pfütze und verspritzte die kostbaren Wasservorräte!
»Verschwinde, Shir Khan!« schrien die Tiere wie aus einem Munde, doch der unverschämte Tiger ließ sich bei seinen Badefreuden nicht stören. Prustend und spritzend wälzte er sich ans andere Ufer und trank auch noch einen mächtigen Schluck Wasser.
»Oh, er ist so gemein«, jammerte Mogli, dessen Kehle halb verdorrt war. »Den halben See hat er verspritzt!« Traurig starrten sie auf die kümmerliche Pfütze, die jetzt auch noch aufgewühlt und schlammig war. Plötzlich spitzten alle Tiere die Ohren: War da nicht ein leises Donnergrollen zu vernehmen?

Hathis Truppe

»Wir müssen etwas tun«, rief Baghira und sprang mit einem Satz aus der Höhle. Entschlossen folgten ihm Mogli und die anderen. Von allen Seiten kamen die Tiere gelaufen, um die lichterloh brennende Platane zu retten. »Wir müssen verhindern, dass das Feuer auf die anderen Bäume übergreift«, rief Baghira und sprang auf einen Felsen. »Hathi, ihr Elefanten müsst das ganze Wasser, das noch übrig ist, holen und damit löschen.« »Wird gemacht!« schrie Hathi und kommandierte seine Herde sofort zur Wasserstelle. Bis auf den Grund saugten die Elefanten die jämmerliche Wasserpfütze leer. Dann marschierten sie im Gleichschritt auf das Feuer zu. Grellrot züngelten die Flammen, und schwarze Rauchschwaden stiegen auf. »Wasser marsch!« befahl Hathi. Zischend erloschen einige Flammen, doch schon suchte sich das Feuer neue Nahrung an einer anderen Stelle des ausgetrockneten Baumes.

Ende gut, alles gut

»Es ist kein Wasser mehr da«, seufzte Hathi, »wir haben getan, was wir konnten.« »Was jetzt?« fragte Baghira ratlos, denn unbekümmert prasselte und knisterte das Feuer in der Platane, und hilflos mussten die Tiere mit ansehen, wie der Baum langsam verkohlte. Doch plötzlich fühlte Mogli etwas Nasses auf der Nase. »Der Regen!« schrie Mogli. »Der große Regen ist da!« Ein, zwei, drei Tropfen fielen, und dann prasselten auf einmal so viele schwere Regentropfen auf den Dschungel nieder, dass das Feuer zischend erlosch. »Regen, Regen, Regen!« jubelten die Tiere und sperrten ihre Schnauzen auf, um endlich ihren Durst zu löschen. »Ihr müsst schnell in die Berge«, sagte Baghira zu Mogli und den Wölfen, »ehe die Überschwemmung beginnt.« Der See füllte sich wieder, der Fluss wurde breit und groß, und der Bach floss mit gewaltigem Rauschen durch den Dschungel. Pflanzen und Tiere konnten aufatmen – die schlimme Trockenzeit war vorüber.

Wieder im Dschungel!

Als die große Regenzeit endlich vorüber war, kehrten Mogli und die Wölfe in den Dschungel zurück. Wie blank poliert glänzten Farnkräuter und Palmblätter, in den Bäumen leuchteten bunt Papajas, Mandarinen und Mangos, und auf dem See schaukelten die rosafarbenen Blüten der Seerosen. Ach, es war wunderbar, wieder hier zu sein! Den ganzen Tag streifte Mogli durch den Dschungel und begrüßte seine Freunde.
»Guten Tag, ihr Bienen, Eidechsen und Orchideen, ihr Kolibris und Spinnennetze«, trällerte er glücklich, »ich bin wieder da.«
»Guten Tag, Mogli«, begrüßte Rocco ihn krächzend, »na, wieder zurück?«
»Hallo, Rocco, schön, dich zu sehen!« erwiderte Mogli. »Guten Tag, Mogli!« kreischte gleich darauf eine wohl bekannte Stimme über ihm, und Tschil ließ sich mit weit ausgebreiteten Flügeln neben ihm nieder. »Du machst wohl einen kleinen Spaziergang? Viel Spaß dabei!« wünschte er und erhob sich wieder in die Lüfte.

Die Ruinenstadt

Stundenlang wanderte Mogli durch den Dschungel, bis er schließlich bei der alten Ruinenstadt angelangt war, deren verwitterte Mauern am Rande des Dschungels aufragten. Hier war es totenstill, nur gelegentlich kreischte die schrille Stimme eines Affen in der Mittagshitze. Staunend ging Mogli durch die schmalen Gassen der alten Stadt, in der vor vielen Jahrzehnten ein Maharadscha mit seinem Hofstaat gelebt hatte. Dort stand noch ein Türmchen des alten Palastes, dessen blassgoldene Kuppel im Licht der Sonne aufblinkte. Die Lustgärten des Fürsten waren verwildert und der kreisrunde Teich von unzähligen Seeanemonen überwuchert. Langsam schlenderte Mogli durch den Park, den einst herrliche Rhododendren, Kalingablüten und blutrote Orchideen geschmückt hatten. Doch auf einmal – da gab plötzlich der Boden unter seinen Füßen nach, und ehe Mogli sichs versah, war er durch ein kreisrundes Loch gefallen. »Hilfe!« rief er, als er in die Tiefe stürzte und unsanft landete.

In einer versunkenen Welt

»Au!« schrie Mogli und rieb sich sein schmerzendes Hinterteil. Dann blickte er verwundert um sich – wo befand er sich nur? Während seine Augen sich allmählich an die Finsternis gewöhnten, trat eine sonderbare Welt schattenhaft aus dem Dunkel. Ein hoher Raum tat sich vor ihm auf, in dessen Mitte eine riesige steinerne Figur hockte. Die Wände waren mit Bildern bemalt, auf denen die seltsamsten Gestalten zu sehen waren – Frauen mit acht Armen und Wesen, die halb Tier und halb Mensch waren. »Das ist ein versunkener Göttertempel«, flüsterte Mogli beklommen, denn er kannte den Tempel in Sambaais Dorf. Dieser Tempel jedoch war wohl schon vor vielen Jahrzehnten in der Erde versunken. Dann waren Flechten, Schlingpflanzen und Gras auf seinen Mauern gewachsen und hatten ihn vollkommen vor der Außenwelt verborgen. Vielleicht gab es hier sogar einen Schatz? Mit klopfendem Herzen trat Mogli in den Raum hinein.

»Ich will hier raus!«
Vorsichtig berührte Mogli eine Holztür, die sich knarrend in ihren Angeln bewegte. Dahinter befand sich ein Gang, von dem viele andere Gänge abzweigten. War das vielleicht sogar ein unterirdischer Palast? Manche der Gänge führten in weitere Räume, andere aber endeten urplötzlich, so dass Mogli umkehren musste. Es war eine wundersame und geheimnisvolle Welt, die er da erforschte, und die Menschen, die hier gelebt hatten, waren schon viele, viele Jahre tot. Mogli durchfuhr ein Schauer. Würde er aus dieser unterirdischen Welt jemals wieder ins Freie gelangen? Schnell rannte Mogli zurück in den hohen Saal mit der riesigen Götterstatue. Wer sollte ihn hier finden? Die Einzigen, die diese Ruinenstadt betraten, waren ausgerechnet die Affen. Oje, dachte Mogli, die Affen werden sich bestimmt freuen, wenn ich hier unten gefangen bin. Doch es half alles nichts, er musste um Hilfe rufen.

Moglis Befreiung
»Hilfe! Hilfe!« rief Mogli, und seine Schreie hallten in dem hohen Gewölbe. Doch leider war die Einzige, die ihn hörte, die boshafte Affenkönigin Tschi-Tschi.
»Ist das nicht Moglis Stimme?« sagte sie. Und aufgeregt folgte sie den Rufen. Da war ein Loch! »Bist du das, Mogli?« rief sie, und mit boshafter Freude fügte sie hinzu: »Bist du dort unten gefangen?«
»Bitte, hilf mir«, flehte Mogli, »ich werde auch für einen Tag dein Diener sein.« Tschi-Tschi strahlte. Endlich hatte sie den Jungen soweit! Und sie rannte zu Baghira.
»Da kann nur Kaa helfen«, stellte Baghira fest und eilte in großen Sprüngen zu Kaa. Zusammen mit der Riesenschlange begab er sich geschwind in die Ruinenstadt, wo Mogli auf Rettung wartete. Dann ließ Kaa ihren Schwanz in das Loch hinunter und schlang ihn um Moglis Bauch. »Halt dich gut fesssst«, zischte sie und zog den Jungen nach oben. Aber Mogli war nicht sehr glücklich.
»Jetzt muss ich einen ganzen Tag lang Tschi-Tschi bedienen«, seufzte er.

Die Straße

»Achtung, Achtung!« kreischte Tschil. »Alle Dschungelbewohner herhören! Ich habe eine wichtige Meldung!« Auch Balu, Baghira und Mogli, die gerade vor der Bärenhöhle saßen, spitzten die Ohren. »Die Dorfbewohner bauen eine Brücke über den Fluss«, berichtete Tschil und schlug erregt mit den Flügeln. »Und was das Schlimmste ist: Sie wollen auch eine Straße anlegen – mitten durch den Dschungel!« Eine Straße durch den Urwald! Die Freunde, die eben noch so friedlich zusammensaßen, gerieten in helle Aufregung. Tschil fuhr fort: »Die Straße soll dort verlaufen, wo jetzt die Wolfsfamilie wohnt. Auch Balus Höhle und Mangs Schlafbaum sollen dem Erdboden gleichgemacht werden.« Dann drehte der Geier ab, um den anderen Dschungeltieren die schreckliche Nachricht zu verkünden. – Mitten durch ihren herrlichen Dschungel sollte eine Straße gebaut werden! »Eine Unverschämtheit!« brummte Balu empört. »Das müssen wir unbedingt verhindern!«

Guter Rat ist teuer

Zornig tapste der dicke Bär vor seiner Höhle hin und her. »Ich werde das Dorf überfallen!« knurrte er. »Mit meinen Bärenkräften werde ich es ihnen zeigen! Die Menschen sollen Balu, den Bären, kennen lernen!« Und er ließ seine kräftigen Muskeln spielen.
»Was kann ein einzelner Bär schon gegen so viele Menschen ausrichten«, erwiderte der vernünftige Baghira. »Sie werden dich einfach erschießen.«
»Aber Balu hat recht!« rief Mogli mit heller Stimme. »Wir müssen uns wehren! Der Dschungel gehört uns! Wir bauen ja auch keine Höhlen in den Dörfern.«
»Das ist allerdings wahr«, meinte der Panther, »doch was sollen wir tun? Wenn es drauf ankommt, sind die Menschen immer stärker als die Tiere. Sie haben Waffen und Käfige.« Mogli senkte betreten den Kopf.
»Wir müssen eben nachdenken«, sagte er, »und einen Schlachtplan entwerfen. Wenn wir jetzt aufgeben, wird der Dschungel bald nicht mehr das sein, was er einst war.«

Moglis Einfall

Aus allen Ecken des Dschungels strömten nun die Tiere herbei. »Habt ihr schon gehört?« rief es allerorten. »Eine Straße durch den Dschungel! Unglaublich!« Schawi schlug bekümmert ein Pfauenrad! »Auch über die Lichtung soll die Straße verlaufen«, sagte er, »wo sollen wir Pfauen denn dann balzen?«
»Und wo sollen wir Elefanten unseren Elefantentanz aufführen?« klagte Hathi. Die Elefanten! Schlagartig kam Mogli die rettende Idee. »Freunde«, rief er, »mir ist etwas eingefallen! Tschil hat gesagt, dass die Bauern die Straße über den Fluss leiten. Was für einen Sinn aber hat die Straße, wenn es keine Brücke gibt?«
»Keinen!« riefen die Tiere. »Wir werden die Brücke einfach abreißen«, fuhr Mogli fort. »Und das wird Hathi mit seiner Elefantenherde besorgen.«
»Großartig!« trompetete Hathi, und: »Großartig!« stimmten die übrigen Tiere ein.

Nächtliche Arbeit

»Ich bin stolz auf dich, mein Freund« sagte Baghira, klopfte ihm anerkennend auf die Schulter, und Mogli wurde rot vor Freude. Doch dann besann er sich wieder auf den Plan. »Heute Nacht ziehen wir zur Brücke und brechen sie ab. Und wenn die Menschen sie wieder aufbauen, brechen wir sie wieder ab. Das machen wir so lange, bis sie ihren Plan aufgeben.« Begeistert klatschten die Tiere Beifall. Hathi aber wies seine Herde an, ein bisschen zu schlafen, denn es stand nächtelang harte Arbeit bevor.
Bei Einbruch der Dunkelheit machten sich die Tiere auf den Weg zum Bauplatz. Sie waren so leise, dass nicht einmal Mang einen Ton vernommen hätte – aber sie war natürlich ebenfalls dabei.
»Da ist die Brücke!« flüsterte Mogli und wies auf den hölzernen Rohbau, der bereits halb über den Fluss reichte. »Elefanten, an die Arbeit!« befahl Hathi und stampfte zum Ufer.

Die verhexte Brücke

Und dann krachte es, Balken fielen platschend ins Wasser, Baumstämme zerbarsten und trieben flussabwärts.
»Juhuu!« jubelte Mogli leise, doch Baghira warnte: »Achtung, wir müssen zurück!« Schon waren im Dorf einzelne Lichter aufgeflammt. Die Tiere zogen sich flink und leise zurück, so dass die herbeieilenden Dorfbewohner nur die zerstörte Brücke zu Gesicht bekamen.
Schimpfend begannen die Menschen am nächsten Tag mit dem Neuaufbau – doch in der Nacht darauf trieb die Brücke wieder flussabwärts. »Es fängt an, Spaß zu machen«, meinte Hathi vergnügt, »ich hoffe, sie bauen die Brücke noch hundertmal auf.«
»Das hoffe ich nicht«, gähnte Balu schlaftrunken. Dreimal rückten die Elefanten noch an, ehe der Dorfälteste einen Beschluss fasste. »Diese Stelle am Fluss ist verhext«, sagte er, »wir verlegen die Brücke ein Stück flussaufwärts!« Da herrschte lauter Jubel unter den Tieren, und sie feierten die Rettung des Dschungels mit einem großen Fest.

Das große Fest

»Der Dschungel ist gerettet, und wir feiern ein Fest!« kreischte der Dschungelbote Tschil. »Kommt alle zur großen Lichtung und bringt etwas zu essen mit!« Und schon schwebte er weiter, damit auch wirklich alle Tiere von dem großen Ereignis erfuhren.
»Wir feiern ein Fest!« gurrte Schawi und schlug voller Freude ein Pfauenrad.
»Ein Fest! Ein Fest!« keckerten die Affen und schleppten Bananen zur Lichtung.
»Ein Fest!« fiepte Mang aufgeregt und fing ein paar Fliegen für das kalte Büffet.
»Hast du gehört, Rocco, ein Fest!« krächzte Rikki aufgeregt und pickte Körner in eine Nussschale. »Ein Fesssst«, zischte Kaa und fing einige Mäuse für den Festschmaus.
»Ein Fest!« trompetete Hathi dröhnend.
»Ein Fest!« heulte Tabaki durch den Dschungel. »Ein Fest, ein Fest!« jubelten die kleinen Wölfe und schleppten Rinderkeulen zum Festplatz. Ein Fest, ein Fest, ein Fest, so brummte und quietschte und quakte und kreischte und summte es von allen Seiten.

Ein leckerer Festschmaus

»Ein Fest?« Der alte Shir Khan spitzte seine Ohren. »Ein Fest im Dschungel?« Tschil, der gerade zum Geierfels abdrehte, um Vally und die Kinder zu holen, nickte. »Ja, alle Tiere des Dschungels sind eingeladen«, erklärte er. »Du auch, wenn du dich anständig benimmst.« Und auf leisen Pfoten schlich der alte Tiger zur großen Lichtung. Bei dem Anblick, der sich ihm bot, staunte er nicht schlecht: Da lagen Mangos, Papajas, Pampelmusen und Avocados, Melonen, Kokosnüsse, Zitronen, Orangen und Bananen in buntem Durcheinander; da gab es Nüsse, Körner und Kokosnussschalen voll Honig; Fliegen und Mäuse, Rinderkeulen und Lammschlegel, Hirschschenkel und Hammelkeulen, und sogar ein Topf Reis köchelte auf einem kleinen Feuer. Der Reis war für Sambaai, der auf einem Stein saß und auf seiner Flöte den Tieren zum Tanz aufspielte.
»Holla hi, holla ho«, brummte der dicke Balu und schwenkte Biffi im Kreis herum.

Ein Tänzchen in Ehren ...

Auch Hathi und seine Elefanten tanzten. »Rüssel rechts, Rüssel links«, kommandierte Tanzmeister Hathi und schwenkte seinen Rüssel hin und her. »Beine vor, Beine rück«, hieß es dann, und dann wackelten die Elefanten lustig mit ihren Hinterteilen. »Ein Tänzzzchen in Ehren kann niemand verwehren«, zischte Kaa geschmeichelt, als sie von Baghira aufgefordert wurde. Das sah lustig aus! Der schwarze Panther hüpfte auf allen vier Pfoten vor Kaa auf und ab, während die Schlange zischend und voller Anmut den »Tanz der Riesenschlange« vorführte. Auch Schawi und seine Frau schwangen fröhlich gurrend das Tanzbein, während Mogli mit Tschi-Tschi wild herumhüpfte. Nur Ikki, das Stachelschwein, saß traurig am Rand der Lichtung und jammerte: »Mit mir tanzt niemand, weil ich so stachelig bin. Ich bin das ärmste Tier der Welt.« Und traurig knabberte es an einer Rübe.

... kann selbst Shir Khan nicht verwehren

»Was ist denn das?« fragte Mogli plötzlich und hielt inne. »Ist das nicht die gestreifte Schwanzspitze von Shir Khan?« Er wies auf das dunkle Gebüsch am Rande der Lichtung. Tatsächlich! Mit einem Schlag verstummte die Musik, und die Tiere hielten den Atem an. Doch mit freundlichem Lächeln trat Shir Khan auf die Lichtung und erklärte: »Tschil hat gesagt, alle Tiere des Dschungels seien eingeladen. Darf ich mit euch feiern? Ich verspreche auch, dass ich niemandem etwas zuleide tue.« War das vielleicht eine Falle? Reglos verharrten die Tiere, bis Mogli auf den Tiger zutrat und sagte: »Lass uns für diesen Nachmittag Frieden schließen, Shir Khan. Auch du gehörst zum Dschungel und sollst an unserem großen Fest teilnehmen.« Da strahlte der alte Tiger! Und dann ging er tatsächlich auf das kleine Ikki zu und forderte es zum Tanz auf! »Bin ich dir auch nicht zu stachelig?« fragte das Nagetierchen scheu, ehe es selig zu Sambaais Klängen herumzuspringen begann.

Bis spät in die Nacht feierten die Tiere. Und dann schworen sie, dass sie für immer Freunde bleiben wollten – die Tiere des Dschungels und das Menschenkind Mogli.